ACCESO GRATIS *a la Lectura en la Nube*

Para visualizar el libro electrónico en la nube de lectura envíe junto a su nombre y apellidos una fotografía del código de barras situado en la contraportada del libro y otra del ticket de compra a la dirección:

ebooktirant@tirant.com

En un máximo de 72 horas laborables le enviaremos el código de acceso con sus instrucciones.

AF276462

La filosofía en la antigua Roma

Marco Tulio Cicerón, *Sueño de Escipión*

Lucio Anneo Séneca, *La vida feliz*

San Agustín de Hipona, *El maestro*

Antonio López Fonseca
José Manuel Ruiz Vila

(*Autores*)

La filosofía en la antigua Roma

Marco Tulio Cicerón, *Sueño de Escipión*

Lucio Anneo Séneca, *La vida feliz*

San Agustín de Hipona, *El maestro*

tirant humanidades
Valencia, 2024

Director de la colección Quadriga:

JORGE TÁRREGA GARRIDO

© Antonio López Fonseca
José Manuel Ruiz Vila

Dibujo de la portada de Meluca Redón a partir del busto de Séneca atribuido a Giuliano Finelli (s. XVII), que se encuentra en el museo El Prado de Madrid.

© TIRANT HUMANIDADES
EDITA: TIRANT HUMANIDADES
C/ Artes Gráficas, 14 - 46010 - Valencia
TELFS.: 96/361 00 48 - 50
FAX: 96/369 41 51
Email:tlb@tirant.com
www.tirant.com
Librería virtual: www.tirant.es
DEPÓSITO LEGAL: V-2563-2024
ISBN: 978-84-1183-701-9
MAQUETA: Tink Factoría de Color

Si tiene alguna queja o sugerencia, envíenos un mail a: atencioncliente@tirant.com. En caso de no ser atendida su sugerencia, por favor, lea en *www.tirant.net/index.php/empresa/politicas-de-empresa* nuestro Procedimiento de quejas.

Responsabilidad Social Corporativa: *http://www.tirant.net/Docs/RSCTirant.pdf*

Índice

1. Introducción

Abogados, políticos, administradores, arquitectos, ingenieros, militares, generales, estrategas y muchas otras ocupaciones, pero no filósofos. Así es como han pasado al imaginario colectivo de Occidente los antiguos romanos, tanto los de la Monarquía y República, como los del Imperio. Sí, el pueblo romano fue en esencia un pueblo pragmático, muy diferente en todo a los griegos, más dados a la especulación filosófica, pues no en vano fueron ellos quienes la inventaron. Hablar de filosofía romana podría ser, permítanos el lector la broma, como hablar de cocina inglesa o de humor alemán.

La filosofía, lo sabemos, es una concepción de la genialidad de los griegos: en Grecia se originó y en ella alcanzó su punto culminante con las figuras de Sócrates, Platón y Aristóteles y las escuelas filosóficas de Epicuro, el epicureísmo, y de Zenón de Citio, el estoicismo. ¿Estamos diciendo con esto que los romanos no cultivaron la filosofía? No, en modo alguno. En Roma también hubo filósofos "profesionales", aunque muy pocos, y la filosofía formó parte de su cultura, pero desde otra perspectiva, una mucho más cercana a la religión que a lo que entendemos en la actualidad por filosofía. Esta dio respuesta a multitud de personas que no se identificaban con una religión oficial basada en la mitología tradicional, que poco o ningún fervor religioso despertaba en las clases sociales instruidas de Roma. De hecho, el neoplatonismo, última expresión de la filosofía en la Antigüedad grecolatina, es una fusión de elementos religiosos y filosóficos, como tendremos ocasión de ver a lo largo de estas páginas. Este hecho no debe, sin embargo, llamar demasiado nuestra atención, puesto que la asimilación político-cultural, social y religiosa fue una de las características más destacadas de una República y, sobre todo, de un Imperio, que trascendió con mucho los límites fundacionales de esta pequeña ciudad de campesinos que en origen fue Roma.

En general, los filósofos, y la filosofía, llegaron tarde a Roma y con frecuencia tuvieron que abandonarla de nuevo de forma acelerada. Diversos filósofos, maestros de sabiduría y retórica, fueron expulsados a lo largo del siglo II a.C. Valga como muestra de la aversión de los romanos tradicionales a la filosofía griega lo que Catón decía de los filósofos: que se limitan a recoger «oscuridades, frivolidades tan fútiles como los gemidos de las plañideras de los funerales» (Aulo Gelio, *Noches áticas* [*Noctes Atticae*] 18,7,3). Una concepción, por otra parte, no muy diferente de la que la sociedad actual, sometida al imperio de la tecnología y de lo útil a corto plazo, tiene también de la filosofía. Justificable, quizás, en el siglo II a.C., pero ¿cómo fue posible que, a finales del I d.C., en una época de plena fusión entre la cultura griega y romana, ocurriera lo mismo? Es más que probable que el rechazo tuviera que ver con la influencia que la filosofía ejercía sobre la juventud romana. Como mencionaremos más adelante, porque lo cuenta Cicerón, la embajada a Roma del filósofo Carnéades y sus dos discursos complementarios a favor y en contra de la justicia en la política ofreció a un gran número de jóvenes un fascinante ejemplo de pensamiento individual libre de prejuicios y de la capacidad humana de influir sobre los demás por medio del pensamiento.

Es bien sabida la predilección del espíritu romano por la moral práctica, pero la indagación filosófica no quedó limitada a la ética y a la política, sino que la dialéctica y la lógica también estuvieron presentes. Con todo, no es menos cierto que la literatura filosófica de los romanos se reducirá durante la mayor parte del tiempo a una "filosofía aplicada" donde el poema didáctico, el diálogo, el ensayo y la epístola alcanzarán un considerable nivel literario.

A pesar de las dificultades mencionadas, el pensamiento griego en Roma encontró un firme apoyo en el círculo de los Escipiones y su filohelenismo, que pone en primer plano su eficacia educativa y civilizadora. Al final, las principales escuelas filosóficas helenísticas —estoicismo, escepticismo y epicureísmo— acabaron asentándose en Roma, aunque con visiones matizadas y muy adaptadas a la mentalidad romana. Por ejemplo, el pragmatismo romano y el estoicismo encontraron un espacio común en la rígida moral y en la disponibilidad a sacrificarse por el Estado. Por su parte, el escepticismo encontró buena acogida mientras que el epicureísmo ganó más adeptos de lo que se esperaría para una escuela que se coloca un tanto al margen de la vida pública, quizá porque afronta los deseos de paz y tranquilidad que los romanos reclamaban durante las guerras civiles. Por ejemplo, en el círculo de César se encontraron muchos epicúreos, pero también entre los republicanos y los amigos de Cicerón, como su íntimo amigo Ático.

En definitiva, la filosofía no es para el romano una disciplina a la que dedicarse en cuerpo y alma, sino que se sirve de ella para comprender e interpretar sus propias acciones, su propia vida y la realidad que le rodea. Vamos a explicarlo en las siguientes páginas.

2. Más allá de Platón y Aristóteles: las escuelas filosóficas helenísticas

Durante el helenismo, nombre que los historiadores confieren al periodo histórico que se extendió desde la muerte de Alejandro Magno en el 323 a.C. hasta finales del siglo I a.C., junto a los continuadores de las escuelas "clásicas" de filosofía, la Academia, fundada por Platón, y el Liceo de Aristóteles, convivieron nuevas doctrinas, corrientes o escuelas surgidas del contacto del mundo griego con el mundo oriental como resultado de la expansión del primero bajo el reinado de Alejandro Magno. En términos generales, la filosofía comenzó un lento desplazamiento desde la más pura especulación sobre la naturaleza hasta la esfera de lo individual y lo moral y, más tarde, hasta la religión llegando prácticamente a fusionarse con ella a partir de las doctrinas de Plotino. Parece como si el mundo exterior hubiera dejado de interesar a los sabios, más preocupados en muchas ocasiones por alcanzar la felicidad precisamente distanciándose de él.

2.1. ESCEPTICISMO

El término escepticismo deriva del griego σκῆψις [*skêpsis*], que podríamos traducir como "indagación" o, incluso, "duda". Con esta denominación se indica la «desconfianza o duda de la verdad» (DRAE), pero si concretamos en la filosofía griega, se trata de una escuela filosófica, fundada por Pirrón de Élide, que busca alcanzar la felicidad como *ataraxia* (ἀταραξία [*ataraxía*]) o tranquilidad de ánimo, pero no por seguir una doctrina determinada, puesto que los seguidores de Pirrón niegan todo tipo de doctrina, sino por medio de una indagación que saque a relucir la inconsistencia de todo comportamiento teórico en la medida en que todos ellos son falaces, es decir, están sujetos a la mentira, y, por tanto, no es posible aceptar como válido ninguno de ellos. La tranquilidad de ánimo no se alcanza con la aceptación de una doctrina filosófica concreta, sino rechazándolas todas. Esta escuela de pensamiento se sostiene, pues, gracias a la polémica con otras, visto que no hace nunca una reflexión sobre la validez de sus propios planteamientos; precisamente, uno de sus grandes valores consistirá en la puesta en duda de las demás escuelas filosóficas. No se puede hablar, además, de una escuela unitaria, sino de un maestro, Pirrón, que no tuvo demasiado interés en dejar discípulos ni en poner por escrito su palabra (pues confiaba más en el ejemplo de vida), y luego otras corrientes posteriores, como la Academia Media y la Nueva, continuadoras de aquella que fundó el propio Platón, y los llamados últimos escépticos: todos estos mantendrán en cierta medida unos principios comunes, pero nunca una unidad.

En la idea de que el ser humano no puede alcanzar el conocimiento, Pirrón afirmaba «que nada es hermoso o feo, justo o injusto; del mismo modo afirmaba en general que nada tiene lugar conforme a la verdad y que los hombres cumplen todas sus acciones según la convención y la costumbre: las cosas no son más que esto o aquello» (Diógenes Laercio, *Vidas de ilustres filósofos* 9,61). La consecuencia es que no existen ni el bien ni el mal por naturaleza, todo lo que juzgamos como tal lo hacemos por convención o por costumbre, no por conformidad con la verdad o por naturaleza. Para el conocimiento humano las cosas son inasibles y la única opción que nos queda es la suspensión de todo juicio (ἐποχή [epochê]) sobre nuestra propia naturaleza. Pirrón propone la *afasia* (ἀφασία [aphasía]), que no consiste en guardar silencio absoluto, sino en guardar silencio ante las cuestiones de la naturaleza, el no juzgar si algo es o no es. La consecuencia más inmediata de esta ausencia de juicio será la mencionada tranquilidad de ánimo o *ataraxia*. Ante este panorama, todo es indiferente al hombre:

> No existe nada bueno ni malo por naturaleza; si, en efecto, hay algo bueno o malo por naturaleza, deberá ser bueno o malo para todos, igual que la nieve es fría para todos. Pero no existe nada de bueno o de malo en general para todos, por lo tanto, no hay nada bueno o malo por naturaleza (Diógenes Laercio, *Vidas de ilustres filósofos* 10,101).

La escuela de Pirrón no duró mucho; tomaron el testigo los filósofos herederos de la Academia de Platón, la conocida como Academia Media, pero solo en la parte doctrinal que afirmaba, según el viejo maestro, que la ciencia nada tiene que ver con los sentidos porque de ellos solo podemos obtener opiniones probables. Este nuevo rumbo de la Academia se debe a Arcesilao de Pitane (315-240 a.C.), que, según afirma Cicerón (*Sobre el orador* [De oratore] 3,18,67), no expresó ninguna opinión propia, sino que se limitó a discutir las ajenas. Tras Arcesilao la Academia tuvo otros maestros y al último de ellos lo sucedió Carnéades de Cirene (214-129 a.C.), considerado el fundador de la Academia Nueva.

Carnéades sostenía que el saber es imposible y que no existe afirmación alguna de la que no se pueda dudar. Famoso es el episodio de su viaje a Roma en el año 155 a.C., donde dio dos discursos. En el primero hizo un elogio de la justicia demostrando que es la base de la vida en la ciudad. En el segundo, al día siguiente, que resultó más convincente aún que el primero, argumentó que la justicia es diferente según los tiempos y los lugares, lo que conlleva la negación del concepto de ley natural que más tarde defenderá Cicerón, como veremos. Fue precisamente este episodio el detonante del diálogo del tercer libro del tratado *El Estado* (*De re publica*) de Cicerón. Por una parte, Lucio Furio Filo defenderá, aunque sin adherirse a ella, la idea del segundo discurso de Carnéades; Lelio, por su parte, argumentará sobre la necesidad de la justicia como base de la República romana, aunque la mayor parte de su intervención se ha perdido. De la de Filo sí se conservan amplios fragmentos, por ejemplo, este en el que duda de la validez natural del derecho, como había sostenido Carnéades:

> Pero yo me pregunto: si lo propio del hombre justo y del buen ciudadano es obedecer a las leyes, ¿a cuáles? ¿A cualquiera de ellas? Pero ni la virtud acepta los vaivenes, ni la naturaleza tolera los caprichos y las leyes se cumplen por miedo al castigo y no por nuestro sentido de la justicia. Por tanto, el derecho no tiene nada de natural, de lo que se deduce que ni siquiera existen personas justas por naturaleza (Cicerón, *El Estado* 3,18).

Tras Carnéades y algunos pocos discípulos que heredaron la dirección de su escuela, el escepticismo dio sus postreras señales de vida desde el siglo I a.C. hasta el II d.C. con los llamados últimos escépticos, entre los que despuntó Sexto Empírico (160-210 d.C.). En su obra *Esbozos pirrónicos* (Πυρρωνείαι ὑποτυπώσεις

[*Pyrronéiai hypotypóseis*]) promovía una vuelta a la esencia del escepticismo pirroniano más absoluto según el cual ni siquiera la famosa afirmación «Solo sé que no sé nada» puede tener validez: no existe ninguna afirmación conforme a la verdad, solo es posible la indagación (*sképsis*) que nos llevará a contraponer a cada afirmación una contraria, consiguiendo así que el sabio no pueda pronunciarse ni a favor ni en contra. Por otra parte, en *Contra los profesores*, conocida por su título latino, *Adversus mathematicos*, declara la inutilidad práctica de las artes liberales recurriendo a la ironía, el sarcasmo e incluso la descalificación.

2.2. EPICUREÍSMO

Bajo esta denominación se conoce la doctrina fundada por Epicuro a finales del siglo IV a.C. que mantuvo su vigencia, por lo menos, hasta el siglo II d.C. a lo largo y ancho de las civilizaciones griega y romana, si bien es cierto que en Roma en el siglo I a.C. Cicerón la atacó muy duramente y el Senado romano llegó a vetar a algunos filósofos epicúreos. Es más, la simplificación a la que sometió gran parte de la cultura romana las doctrinas de Epicuro tuvo como consecuencia que la posterior filosofía cristiana (y en cierto modo el mundo contemporáneo) consideraran a Epicuro como un simple ateo libertino. No obstante, gracias a esos ataques ha llegado hasta nosotros una parte de la doctrina, puesto que, de la producción filosófica de Epicuro, que se calcula en unas trescientas obras, solo disponemos de tres cartas y unas *Máximas* conservadas en la obra *Vidas de ilustres filósofos* de Diógenes Laercio (10,139-154), que resumen de forma divulgativa su pensamiento. En Roma difundieron sus ideas, además de

Lucrecio, que lo hizo en verso en su obra *La naturaleza* (*De rerum natura*), otros autores como Amafinio, según cuenta Cicerón en *Debates en Túsculo* (*Tusculanae disputationes*) aprovechando para lanzar un dardo sobre esta doctrina:

> Entretanto (...) apareció Gayo Amafinio, cuyos libros al ser publicados conmocionaron a una multitud que se entregó enfervorizada a su doctrina, porque era muy fácil de comprender, o porque invitaba a la seductora tentación del placer, o incluso porque, al no haber nada mejor, se contentaba con lo que había (Cicerón, *Debates en Túsculo* 4,3,6-7).

Parece ser que los primeros grupos de discípulos se organizaron en torno a su maestro en Mitilene, en la isla de Lesbos, concretamente en un jardín (κῆπος [*kêpos*]) que el propio Epicuro tenía adyacente a su casa. Tras la muerte del fundador heredó la escuela Metrodoro de Lámpsaco, su íntimo amigo.

En las doctrinas filosóficas antiguas se distinguen, como indica Séneca, tres ámbitos: la ética, la física y la lógica:

> No solo la mayor parte de los filósofos, sino también los más ilustres afirmaron que son tres las partes de la filosofía: moral, natural y racional. La primera moldea el alma, la segunda investiga sobre la naturaleza y la tercera analiza las propiedades de las palabras, así como su estructura y los argumentos no sea que lo falso se nos cuele por verdadero (Séneca, *Cartas morales a Lucilio* 89,9).

Epicuro, sin embargo, llamó *canónica* a la lógica, una teoría del conocimiento encaminada a encontrar el criterio que le ayudara a distinguir la verdad, convirtiéndolo en una regla (κάνων [*kánon*], de donde el nombre). Ese criterio para encontrar la verdad se basa en las sensaciones, las anticipaciones y las emociones. Para Epicuro la razón se basa solo en los datos que nos ofrecen los sentidos y, si ellos fallan, fallará también nuestro razonamiento. El criterio básico de la verdad no es más que la percepción, es decir, la captación de unas imágenes (εἴδολα [eídola]) que son en todo iguales a los objetos materiales y que llegan hasta la razón por medio de los sentidos. De esas imágenes derivan las sensaciones. Esas sensaciones, una vez percibidas, se retienen en la memoria dando lugar a lo que llamamos conceptos y que Epicuro llamó *anticipaciones* precisamente porque esos conceptos nos permiten anticipar sensaciones futuras: si digo que hay un hombre, necesito necesariamente saber por adelantado qué es un hombre. Además, para el epicureísmo, las sensaciones siempre son verdad y, por tanto, se convierten en el criterio de la verdad, una verdad a la que debe aspirar el ser humano porque en ella está la felicidad: nos libera del terror propio de creencias supersticiosas y de la ignorancia. El tercer elemento son las *emociones*, es decir, el placer y el dolor, pero caen de lleno dentro de la ética, lo que lleva a pensar a algunos que para Epicuro la filosofía solo tiene dos ámbitos bien diferenciados: física y ética.

Por lo que respecta a la física, Epicuro es fiel seguidor de Demócrito, el primero que propuso la existencia de las partículas más pequeñas que componían los cuerpos, los átomos, infinitos en número y siempre en movimiento dentro de un vacío infinito en extensión. En griego *átomo* significa "no divisible", pues, en efecto, para Demócrito constituía la partícula mínima de la materia. Hoy la ciencia ha demostrado experimentalmente que el átomo está constituido a su vez por partículas menores aún, protones y neutrones, lo cual no parece invalidar el postulado de

Demócrito, pues en algún momento se descubrirá, si no se ha hecho ya, una partícula que sea realmente *indivisible*. Por ejemplo, los astros son uniones temporales de átomos y por eso se mueven de forma autónoma, su movimiento no se debe a ninguna divinidad. Nuestro cuerpo también está formado por átomos, de ahí que el miedo a la muerte carezca de sentido: esta no es más que el disgregarse de los átomos, incluidos los más sutiles que forman el alma y la mente, puesto que sí, también ellas están formadas por átomos: «La muerte no nos importa nada, porque lo aniquilado no tiene sentido y lo insensible no tiene nada que ver con nosotros» (*Máximas* 2). Epicuro libera así al ser humano del temor a la muerte, al otro mundo y a los dioses otorgándole la paz del alma. Además, los dioses, aunque existen (Epicuro, frente a lo que se cree muchas veces, no fue ateo) no se preocupan por los hombres, lo que nos libera también de ritos y súplicas.

Epicuro, sin embargo, manifestó cierto desprecio por las investigaciones científicas y, en concreto, por las matemáticas, ya que no son útiles como directrices del comportamiento vital, en tanto que su filosofía estaba orientada a una finalidad práctica. Además, no se basan en conocimientos sensibles, es decir, obtenidos por los sentidos.

En cuanto a la ética, para Epicuro y su doctrina, el fin de una vida feliz es la privación del dolor físico y moral, que en griego se indica con los términos *aponía* (ἀπονία) y *ataraxía* (ἀταραξία). Por tanto, el fiel seguidor de Epicuro deberá vivir alejado de las preocupaciones del mundo y de los problemas de la política, viviendo como en aquel jardín que él poseía junto a su casa. A pesar de este aparente retiro del mundo, los epicúreos siempre defendieron la amistad, pues en ella no hay un sentimiento egoísta:

> De todos los bienes que se procura la sabiduría para la completa felicidad de la vida, el mayor es, con mucho, la conquista de la amistad (Epicuro, *Máximas* 27).

La felicidad radica en el placer y a él tendemos todos los seres, mas no se trata de un placer meramente físico o pasajero, limitado a sensaciones corporales, sino de un placer duradero que debería extenderse toda la vida y que se identifica con la ausencia de dolor. Estamos, por tanto, ante una doctrina hedonista, del griego ἡδονή [*hedoné*] (placer), pero debemos despojar a esta palabra de todas las connotaciones negativas que tiene en el mundo contemporáneo: el hedonismo de los epicúreos no pretende el libertinaje, más bien al contrario, busca una vida tranquila y sosegada pues para ellos placer es solo ausencia de dolor. Por otra parte, la felicidad no se halla en lograr la virtud, como propondrán otras escuelas filosóficas, pero es condición indispensable para lograr la anhelada tranquilidad de ánimo.

En resumen, la filosofía de Epicuro puede condensarse en el famoso *tetraphármakon* (τετραφάρμακον) o cuádruple remedio para deshacerse del dolor:

1. Liberar al hombre del miedo a los dioses, que no se ocupan del ser humano, porque viven dichosos; todo lo que es de origen divino es permanente e inmutable, de modo que su naturaleza dichosa les impide prestarnos atención y cuidados.

2. Liberar al hombre del miedo a la muerte, que no es nada para el ser humano, más que ausencia de percepción: «Mien-

tras nosotros existimos no existe la muerte; cuando existe la muerte, nosotros no existimos» (*Carta a Meneceo* 125).

3. Demostrar que el placer está al alcance de cualquiera.

4. Demostrar la brevedad del dolor o, por lo menos, que su padecimiento es siempre soportable: «Cada dolor es fácilmente despreciable, porque el que tiene la pena intensa, dura breve tiempo, y el que dura largo tiempo, tiene en el cuerpo la pena ligera» (*Exhortaciones* 4).

2.3. ESTOICISMO

En torno al 300 a.C. Zenón de Citio (en la isla de Chipre) fundó una escuela filosófica cuya primera sede fue la ποικίλη στοά (*poikíle stoá*) o pórtico pintado, donde el maestro daba sus charlas delante de un público numeroso, y de ahí, del término *stoa*, tomó el nombre de *estoicismo*. Al igual que sucedía con Epicuro, de las numerosas obras que escribió solo nos quedan fragmentos.

En esta corriente filosófica se distinguen tres períodos: la Stoa Antigua (III-II a.C.), la Media (II-I a.C.), y la Nueva Stoa (I-III d.C.). A lo largo de la segunda etapa la doctrina llegará a Roma, cuyos principales exponentes fueron Panecio de Rodas (185-110 a.C.), amigo y consejero del gran Escipión Emiliano, de cuyo "sueño" hablaremos más adelante, considerado «el más riguroso de los filósofos estoicos» por Cicerón (*Los deberes* [*De officiis*] 2,51), y Posidonio de Apamea (135-51 a.C.), maestro, entre otros, de Varrón y Cicerón. Por lo poco que conocemos de la producción de ambos, que ha llegado hasta nosotros solo por las citas que se conservan en otros autores, esta etapa estuvo caracterizada por la asimilación e integración de elementos de otras corrientes como el epicureísmo, el platonismo y el aristotelismo, así como de religiones orientales, y parece ser que ejerció una notable influencia sobre la cultura romana, hecho criticado por Cicerón. Por su parte, durante el tercer período tiene lugar una vuelta a las raíces primigenias; en Roma despuntaron, como veremos, Lucio Anneo Séneca, Epicteto y Marco Aurelio.

El estoicismo se presenta como continuación de la doctrina de los cínicos: no buscan la ciencia, sino la felicidad por medio de la virtud, aunque para alcanzarla, a diferencia de ellos, creen que es necesaria la ciencia.

Zenón denominó *lógica* (de λόγος [*lógos*] palabra) a la ciencia de los discursos y la dividió en retórica y dialéctica. La primera de ellas estudia el discurso continuo mientras que la segunda la gramática y la lógica en sentido estricto, que, a su vez, se ocupa de las representaciones, las proposiciones y los razonamientos. La dialéctica, a su vez, se divide en palabras y significados:

> La retórica se ocupa de las palabras, el sentido y el orden; la dialéctica se divide en dos partes: las palabras y los significados, es decir, en las cosas que se dicen y en los vocablos con los que se dicen (Séneca, *Cartas morales a Lucilio* 89,17).

Por su parte, las proposiciones implican tres elementos: el significante, es decir, la palabra (el sonido), la cosa significada (en carne y hueso) y aquello que la palabra designa (el significado); además, mientras que los dos primeros elementos son corpóreos, el tercero es incorpóreo (Sexto Empírico, *Contra los profesores* 8,12). El significado puede ser verdadero o falso, pero no sus realidades, dando lugar a unidades lógicas mínimas que son las proposiciones elementales y un conjunto de muchas proposiciones compone un razonamiento.

Los estoicos son empíricos, es decir, según ellos todo el conocimiento humano deriva de la experiencia. Las representaciones son las huellas o signos que quedan grabados en el alma. El alma los recibe de forma pasiva procedentes del exterior o bien mediante sus propios estados internos, como pueden ser la virtud o la maldad, de modo que no existe diferencia entre la experiencia interna y la externa. Toda representación deja tras de sí un recuerdo, de suerte que un conjunto de muchos recuerdos constituye la experiencia.

En cuanto a la física, para los estoicos el mundo está formado por materia y fuego, que es a su vez un *lógos* (λόγος σπερματικός [*lógos spermatikós*] o logos creador), una razón divina o espíritu vivificante (πνεῦμα [*pneûma*]). El fuego es el elemento principal: ha formado el mundo y espera después su final en una conflagración universal (ἐκπύρωσις [*ekpýrosis*]) para destruirlo y recomponerlo de nuevo (por cierto, esta idea del fuego como elemento primigenio no es, sin embargo, original, sino que los estoicos la han tomado de los pitagóricos). Nos encontramos ante un ciclo eterno de composición y recomposición, que los estoicos llamaban "el gran año".

El universo tiene, por tanto, una vida o ciclo que se cumple cuando todos los astros regresan a la posición en que estaban en el inicio del mundo. Al final de ese gran año tiene lugar la conflagración cósmica que conduce a todos los astros al fuego primitivo, hecho que Cicerón describe en el *Sueño de Escipión* (*Somnium Scipionis*), traducido en este libro:

> La gente mide el año coloquialmente solo por el giro del sol, es decir, siguiendo un único astro; pero lo cierto es que cuando todos los astros hayan regresado al punto original del que han salido y hayan dibujado con sus largos intervalos ese mismo diseño de todo el cielo, solo entonces podremos llamar de verdad año a ese giro completo, en el que no sabría decirte cuántas generaciones caben (Cicerón, *Sueño de Escipión* 24).

Nemesio, filósofo griego cristiano del siglo IV, autor de una obra titulada *La naturaleza del hombre* (Περὶ φύσεως ἀνθρώπου [*Peri phýseos anthrópou*]) en la que pretende fundir la sabiduría grecorromana con la revelación cristiana, describe así este itinerario cíclico:

> Los estoicos sostienen que cuando, después de un cierto período de tiempo, los planetas regresan exactamente, ya sea en longitud o en altura, al punto del cielo donde estaban al principio del mundo, se produce la conflagración y destrucción del universo, y luego todo vuelve a comenzar (...) Añaden que esta renovación del universo no ocurre solo una vez, sino varias, e incluso que se repite constantemente y sin fin (Nemesio, *La naturaleza del hombre* 38).

Mucho más beligerante con esta concepción del tiempo será san Agustín, que la atacará severamente en *La ciudad de Dios* (*De civitate Dei*): el tiempo no puede ser cíclico porque «Cristo murió una sola vez por nuestros pecados» (12,13,12). De igual manera atacará san Agustín con dureza en sus *Confesiones* la adivinación, tan común en gran parte del mundo antiguo pagano, y es que los estoicos creen en los conceptos de destino (εἱμαρμένη [*heimarméne*]) y de providencia divina (πρόνοια [*prónoia*]) que gobierna el mundo. Sostienen, por tanto, la *mantica* o adivinación, entendida como el arte de prever el futuro mediante la interpretación del orden necesario de las cosas. Con todo, Epicuro estaba en contra pues entendía que todo, excepto la propia existencia de los átomos, es casual y, por tanto, impredecible. Por el contrario, para los estoicos nada es casual: el destino representa el orden del mundo. Ahora bien, para ellos, como asegura Cicerón (*La adivinación* [*De divinatione*] 2,63,130), «solo el sabio puede ser adivino», porque solo él conoce el orden necesario del mundo, que se identifica con la divinidad o razón divina.

Pero no solo los astros son fuego y al fuego regresan, sino que también el alma o πνεῦμα, parte constitutiva del ser humano, procede del fuego, en concreto del fuego de los astros:

> El alma procede de esos fuegos sempiternos que llamáis constelaciones y estrellas las cuales, con su forma esférica y redonda, movidas por mentes divinas, cumplen con su recorrido orbital con una rapidez increíble (Cicerón, *Sueño de Escipión* 15).

Ahora bien, el alma es cuerpo para los estoicos porque se define como cuerpo todo lo que actúa; además, si con la muerte se separa el alma del cuerpo, eso demostraría también que el alma es cuerpo, porque en ninguna circunstancia podría unirse lo corpóreo con lo incorpóreo. Según afirma Séneca, incluso el bien es un cuerpo, porque actúa:

> Lo que actúa es cuerpo: el bien espolea al alma y en cierta medida no solo la moldea, sino que la refrena, acciones que son propias del cuerpo. Los bienes del cuerpo son cuerpos, por tanto, los del alma también, porque ella misma es un cuerpo (Séneca, *Cartas morales a Lucilio* 106,4).

La máxima «Vive según la naturaleza» compendia perfectamente el ideal ético de los estoicos, donde hay que entender "naturaleza" como el logos divino que hay en todas las cosas: se trata de vivir una vida en la que las acciones humanas estén en conformidad con la ley de la naturaleza, es decir, que haya un acuerdo entre la voluntad humana y la divina. En esto radica la virtud para los estoicos:

> El fin es el vivir conforme a la naturaleza, que es según la virtud propia y la de todos, no haciendo nada de lo que suele prohibir la ley común, que es la recta razón a todos extendida, aun al mismo Júpiter, director y administrador de todo lo creado (Diógenes Laercio, *Vidas de ilustres filósofos* 7,62).

En el caso concreto de Séneca, el estoicismo adopta una moral práctica: estamos ante una ética del deber (καθῆκον [*kathêkon*]) racional que se opone diametralmente al hedonismo de Epicuro. Se trata de la primera escuela de filosofía que pone el deber como noción fundamental de su ética. En este sentido, las acciones solo pueden ser conformes al deber, contrarias al deber o indiferentes (por ejemplo, la salud, la belleza, la riqueza y sus contrarios, aspectos de los que los estoicos no se ocupan): «De las cosas indiferentes, como ellos las llaman, algunas son preferidas y otras rechazadas. Aquellas que tienen valor, afirman, son preferidas» mientras que aquellas que tienen un valor negativo, en lugar de positivo, son rechazadas (Diógenes Laercio, *Vidas de ilustres filósofos* 7,105).

Cicerón, por su parte, distingue en *Los deberes* (1,7-8 y 3,14) entre el deber recto, que es «perfecto y absoluto (...) y nadie más que el sabio puede alcanzarlo», y los deberes intermedios, «que son comunes a todos y de aplicación muy extensa. Muchos consiguen observarlos por la bondad de su carácter y el progreso del estudio» (3,14). Pero, cuidado, porque el deber (*officium*) no es el bien, este solo puede comenzar a existir cuando el deber se ha consolidado y se repite en conformidad con la naturaleza convirtiéndose así en una disposición constante del ser humano y, en consecuencia, en una virtud que es para los estoicos el único bien: «La virtud es una disposición del ánimo conforme a razón y elegible por sí misma, no por algún miedo o esperanza o por algún bien externo, sino que en ella se encierra la felicidad» (Diógenes Laercio, 7,63). A la virtud se opone lo que el mismo Cicerón llamaba *vicio*, aunque el término griego que traduce es κακία [*kakía*] que significa *maldad*, interpretado como un conjunto de «movimientos perturbadores y vehementes de las almas, opuestos a la razón y radicalmente opuestos de la mente y de la vida tranquilas» (*Debates en Túsculo* [*Tusculanae disputationes*] 4,34). Así las cosas, solo existen los bienes (sabiduría, justicia, etc.) y sus contrarios, los males (ignorancia, injusticia, etc.). Para la mentalidad estoica no existe una vía intermedia entre el bien y el mal («Es un principio de ellos que entre la virtud y el vicio no hay nada intermedio», dice Diógenes Laercio en *Vidas de ilustres filósofos* 7,127), de hecho unos están sostenidos por los otros: no habría justicia sin injusticia en tanto que la segunda no es más que privación de la primera:

> No existe contrario alguno sin su propio contrario. ¿Cómo podría existir el sentido de la justicia si no existieran las injusticias? ¿Qué puede ser si no la justicia más que ausencia de injusticia? (Aulo Gelio, *Noches áticas* 7,1).

No obstante, sí consideran la existencia de una serie de conceptos a los que llaman "cosas indiferentes" (ἀδιαφορά [*adiaphorá*]), la salud, la riqueza, el placer, la gloria, etc., a las que, aun no siendo bienes en sí mismos, podemos aspirar.

Por medio de la virtud conseguiremos evitar las pasiones (πάθος [*páthos*]), «una suerte de incapacidad para dominar el alma que se aparta de la templanza y la mesura» (*Debates en Túsculo* 4,35), puesto que la verdadera aspiración del hombre es alcanzar una vida austera alejada de las pasiones y de los sentidos, aunque solo el sabio puede alcanzarla. A esta vida retirada se la conoce como *apatía* (ἀπάθεια [*apátheia*]), inalterabilidad o templanza a la que se llega viviendo en soledad o recurriendo al suicidio antes que faltar al deber propio.

Según los estoicos, al cumplimiento del deber estamos llamados por una ley que gobierna el mundo, una ley que es universal y, por tanto, natural. A propósito de ella dice Cicerón en *El Estado* (*De re publica*): «La verdadera ley consiste en la recta razón conforme a la naturaleza, de validez para todos los hombres, invariable e imperecedera (...) regirá en todas las naciones y en todas las épocas» (3,33). El hombre es libre de cumplir o no con ella, pero quien no cumpla sufrirá severos castigos. Por definición, para los estoicos el hombre es libre, pero no en el sentido que le damos hoy al término, sino que es libre para conformarse al orden del mundo, es decir, al destino; además, solo el sabio es libre, porque es el único que se determina por sí mismo: «Los sabios no son solo libres, sino también reyes» (Diógenes Laercio, *Vidas de ilustres filósofos* 7,121).

En definitiva, como hemos visto, el estoicismo se convirtió en una especie de combate contras las pasiones y los deseos, un esfuerzo por conseguir un estado de dominio y libertad moral. De hecho, en Roma llegó a ser la conciencia moral de la sociedad, capaz de corregir a cualquiera, incluso al mismísimo *princeps*. Más aún, estuvo acompañado de una fuerte implicación política y social, aunque siempre alejado de injusticias y de violencia.

3. Epicureísmo en Roma: Tito Lucrecio Caro (99-55 a.C.)

Poco o nada se sabe de la vida de Lucrecio más allá de lo que san Jerónimo dejó escrito en su traducción del *Chronicon* de Eusebio:

> Nace el poeta Tito Lucrecio. Después se volvió loco por una pócima de amor tras haber escrito, durante la tregua que le concedía su locura, algunos libros que después corrigió Cicerón. Se suicidó a los cuarenta y cuatro años (Eusebio, *Chronicon* 171ª Olimpiada).

Pero no nos engañemos, se trataba de un intento más por desprestigiarlo a él y a la doctrina del epicureísmo que por legar información a la posteridad. Los libros a los que se refiere el santo son la única obra que parece que escribió, el tratado filosófico en verso titulado *De rerum natura* (*La naturaleza* o, quizás mejor, simplemente *Física*).

Parece seguro que Tito Lucrecio Caro nació a principios del siglo I a.C. y murió hacia la mitad de los años 50 de ese siglo. En su adolescencia le tocó vivir la guerra civil entre Mario y Sila, también las guerras de Pompeyo en Oriente y la represión de la conjuración de Catilina por obra de Cicerón y ver en los últimos años de su vida los éxitos de César en la Galia. Obviamente, los acontecimientos contemporáneos que vivió dejaron huella no solo en el poeta, pues puede que lo impulsaran a entregarse a la filosofía, sino también en su obra, que no en vano comienza con una oración por la paz y termina con la sombría descripción de la peste de Atenas. El poema *La naturaleza*, escrito en hexámetros y dedicado a Memio, es absolutamente singular en la Antigüedad por tratarse de una obra de "épica científica" que intenta una exposición completa de la Física: estamos ante un poema filosófico-didáctico. Pero ¿por qué en verso? Aparte de porque era la forma literaria por excelencia en el momento, parece que elige el mismo formato en el que se había transmitido la religión oficial, basada en la mitología tradicional, precisamente para combatirla: el propio Epicuro asociaba el verso con esos mitos considerados supersticiones de los que pretendía librar al género humano. Podríamos decir que se inserta en la línea de la épica didáctica inaugurada por el poeta griego Hesíodo con *Trabajos y días* (siglo VIII a.C.), e incluso con su *Teogonía*, una suerte de transición entre los mitos y la ciencia. Y es especialmente peculiar también porque en él se funden el aliento poético y la pasión científica, o, como decía Agustín García Calvo,

> Su gracia, en suma, consiste sobre todo en ese arte singular con que el pregón de la doctrina racional se ha confundido con el aliento de la poesía. El poeta ha hallado en la doctrina de Epicuro la formulación de la verdad misma en que el trabajo de la razón termina, la verdadera razón de ser de las cosas y procesos que tocan a los sentidos (García Calvo 1990²: 16).

El conjunto se estructura en seis libros que abordan la realidad del universo, esto es, desarrolla una visión materialista del mundo e intenta liberar al hombre de su temor a los dioses y la muerte. Descubierto en 1417 por el humanista Poggio Bracciolini, tuvo una gran influencia en el desarrollo del pensamiento humanista en la Italia del siglo XV como superación del pensamiento escolástico que había dominado la Edad Media. Hoy pueden sonar ridículas algunas de las conclusiones de Lucrecio, como el hecho de que el sol girara alrededor de la tierra, pero buena parte de sus ideas fueron de gran calado.

Para él, fiel seguidor del epicureísmo, la materia de la que se compone el universo es un número infinito de átomos que se mueven al azar por el espacio, chocando, enganchándose unos con otros, formando estructuras complejas y separándose de nuevo en un proceso continuo de creación y disolución. No existiría, entonces, ningún plan magistral, ningún arquitecto divino, ningún designio inteligente. La evolución es fortuita. En un universo así construido, no hay, decía Lucrecio, motivo para pensar que la tierra o sus habitantes ocupen un lugar central, ni para situar al ser humano aparte del resto de los animales, ni esperanza de sobornar o aplacar a los dioses, ni para el fanatismo religioso, etc. Frente a todos aquellos que iban vendiendo una falsa visión de seguridad e incitaban al miedo irracional a la muerte, Lucrecio ofrecía una sensación de liberación y la capacidad de mirar de frente lo que de otro modo parecía amenazador. Lo que los seres humanos pueden y deben hacer es dominar sus miedos, aceptar el hecho de que tanto ellos como todas las cosas que tienen ante sí son efímeros, y aprovechar la belleza y el placer que ofrece el mundo.

Parece evidente que la filosofía epicúrea era incompatible con el culto a los dioses y el culto al Estado en la Roma republicana, algo que escandalizaba. Muy probablemente este hecho impidió su difusión y solamente el azar ha permitido que el humanista italiano encontrara un manuscrito perdido que contenía *La naturaleza*, obra de la que hasta ese momento solo se tenían referencias. Por ello puede decirse que la reaparición del poema supuso un cierto cambio de rumbo, una desviación imprevista, hasta el punto de creer que el ser humano debía vivir una vida ética sin referencia a premios y castigos después de la muerte y, por tanto, debía contemplar sin terror la muerte del alma. Se podría resumir asegurando que se hizo posible pensar que el mundo mortal bastaba. El siguiente pasaje es una buena muestra de esta idea de que el miedo a la religión carece de sentido a partir de los postulados de Epicuro:

> Cuando la vida humana yacía a la vista de todos vergonzosamente postrada en tierra, abrumada bajo el peso de la superstición religiosa [*religio*], cuya cabeza asomaba en las regiones celestes amenazando caer sobre los mortales con una horrible mueca, fue un griego el primero que se atrevió a elevar hacia ella sus perecederos ojos y rebelarse contra ella. No le detuvieron ni los mitos de los dioses, ni los rayos, ni el cielo con su amenazante bramido, sino que aún más excitaron el ardor de su ánimo y su deseo de ser el primero en forzar los apretados cerrojos que guardan las puertas de la naturaleza. Su vigoroso espíritu triunfó y avanzó lejos, más allá del llameante recinto del mundo, y recorrió el Todo infinito con su mente y su ánimo. De allí nos trae, botín de su victoria, el conocimiento de lo que puede nacer y de lo que no puede, las leyes, en fin, que a cada cosa delimitan su poder, y sus límites completamente fijos. Por eso la superstición religiosa, a su vez sometida, yace a nuestros pies: a nosotros la victoria nos exalta hasta el cielo (Lucrecio, *La naturaleza* 1,62-79).

Esa doctrina epicúrea es la que Lucrecio quiere exponer en la lengua del Lacio:

> Ya que nuestra doctrina por lo común parece en exceso amarga a quien no la ha tratado y el vulgo se echa atrás y se estremece ante ella, he querido explicártela en la armoniosa lengua de las Piérides y, por decirlo de algún modo, untarla con la dulce miel de las Musas,

por si pudiera así mantener tu ánimo encandilado por mis versos hasta que veas claramente cómo está trabada y cuál es la figura de la naturaleza (Lucrecio, *La naturaleza* 1,943-950).

Y en su crítica a la religión y al sometimiento de los seres humanos, llega incluso a cuestionar el fundamental concepto romano de *pietas* (véase cuadro), ese que caracterizará, ni más ni menos, que al *pius Aeneas* de Virgilio:

No consiste la religión [*pietas*] en dejarse ver a cada instante con el velo en la cabeza ni mirando hacia una piedra ni en acercarse a todos los altares, ni en tenderse postrado por el suelo y extender las palmas ante los santuarios divinos, ni en rociar las aras con abundante sangre de víctimas, ni en enlazar votos con votos, sino más bien en ser capaz de mirarlo todo con mente serena (Lucrecio, *La naturaleza* 5,1198-1204).

LA *PIETAS* Y OTRAS VIRTUDES ROMANAS

1. Pietas

Pietas es la típica actitud romana de respeto obediente hacia los dioses, la patria y los padres y otros parientes. Su naturaleza sagrada se concretó en la personificación de la *Pietas*, que tuvo un templo en Roma y a menudo se la representa en forma humana, a veces acompañada de una cigüeña, símbolo del amor filial. Durante el Imperio, la *Pietas augusta* aparece en monedas e inscripciones. Algunos romanos adoptaron como cognomen el apelativo *Pius*, y el *pius Aeneas* de Virgilio expresa por antonomasia el ideal romano en su actitud religiosa, en su misión patriótica y en las relaciones con su padre, su hijo y sus camaradas. No hay que confundir *pietas* con el español "piedad", porque no es exactamente lo mismo, aunque el sustantivo proceda directamente del latino. El concepto latino, previo al cristianismo que lo matizó, significa en la antigua Roma el conocimiento y cumplimiento de los deberes para con

---

los dioses, la patria, los padres, los hijos, etc., y se constituyó como una de las principales virtudes del romano. Posteriormente se potenciaría su sentido religioso de devoción, veneración, etc.

2. *Fides*

El concepto de *fides*, que junto a la *pietas* y la *virtus* forma la tríada de virtudes romanas por antonomasia, podría definirse como la lealtad, buena fe, rectitud, confianza, probidad, honor en el cumplimiento de la palabra o el juramento, es decir, en todo lo que se aplica a la credibilidad en las relaciones, desde el matrimonio hasta los acuerdos comerciales, desde las obligaciones para con el Estado hasta las relaciones con los *socii*, los aliados. Estuvo personificada en la diosa Fides, que tenía su propio templo en el Capitolio, y lo que representa, como se ve en las monedas que conmemoran las *fides* de Augusto, las legiones, etc. en la época imperial, se manifiesta a través de dos manos entrelazadas, habida cuenta de que dar la mano era un gesto común de acuerdo solemne. Se trata, pues, de una de las cualidades morales propias del mundo romano y uno de los ejes esenciales sobre los que se organiza y consolida el pacto social. Así, la estrecha relación que existe entre el principio de la *bona fides*, la buena fe, y el Derecho Civil se manifiesta desde la antigua Roma y ha perdurado hasta nuestros días.

3. *Potestas vs. auctoritas*

Se trata de dos conceptos procedentes del Derecho Romano que constituyen la piedra angular sobre la que se asentaba el funcionamiento de la *cívitas*, la ciudadanía. La potestas se define como una fuerza que emana de la legitimidad otorgada por la sociedad civil, y la *auctoritas* como la distinción de determinadas personas basada en una serie de características morales e intelectuales que las destacan del resto. La *potestas* se relaciona con el concepto de "poder", utilizado como equivalente a *facultas*, esto es, la posibilidad, capacidad de hacer algo, por ejemplo, el poder político o el de los magistrados. La *auctoritas*, por su parte, es la garantía, la responsabilidad, la autoridad que aumenta la confianza, por el prestigio o influencia de quien la posee. En Roma, a estos dos conceptos se le sumaba otro más a la hora de interpretar el poder: *imperium*. El *imperium* era el poder absoluto propio de quienes tenían capacidad de mando; la *potestas* era el poder político capaz de imponer decisiones mediante la coacción y la fuerza; la *auctoritas* era el poder moral, basado en el reconocimiento o prestigio que los demás atribuían a una persona.

Lucrecio expone a lo largo de su obra las doctrinas filosóficas del epicureísmo, que a su vez había adoptado en términos generales la física atomista de Demócrito de Abdera, describiendo el universo a través de esos principios físicos, un universo guiado por el azar (*fortuna*) y no por la intervención divina, todo ello en un intento de entender la física del universo que nos rodea, y, en consecuencia, también de lo propiamente humano.

Los tres primeros libros se ocupan del ser y la nada, de la materia, el espacio y los átomos con sus movimientos, y se abordan temas como la infinitud del universo, la regularidad de sus procesos o la naturaleza de la mente, todo ello en cuanto materia sujeta a mortalidad o disolución. Los libros cuarto a sexto explican el materialismo y la teoría de los átomos, la naturaleza de los astros, las fuerzas de la naturaleza, los sentidos, la reproducción y la atracción sexual, las enfermedades. Todo parece indicar que el poema quedó inconcluso y que llegó a manos de Cicerón en el año 54 a.C. quien, como hemos visto que cuenta san Jerónimo, lo habría corregido y editado tras la desaparición de Lucrecio. El contenido de los seis libros, de forma sumaria, es el que sigue:

Libro I. Tras la invocación a Venus, Lucrecio enuncia el tema: los átomos, creación y disolución:

> Comenzaré por explicarte los pormenores del cielo y los dioses y te desvelaré los elementos primigenios de la materia a partir de los que la naturaleza crea, hace crecer y nutre todo y hacia los que la misma naturaleza los reduce de nuevo cuando se disuelven, elementos a los que, al hablar de filosofía, estamos acostumbrados a llamar materia, cuerpos con capacidad de generación y semillas de cosas, llamándolos también cuerpos primordiales, porque de ellos, como primeros elementos, provienen todas las cosas (Lucrecio, *La naturaleza* 1,54-61).

Presenta, además, a Epicuro como el vencedor del temor a los dioses (*religio*). Como temas sucesivos, aunque sin orden, anuncia la naturaleza del alma, así como la meteorología y la doctrina de las percepciones sensibles. Y, además, habla de la dificultad de hablar de estos temas en latín. Insiste en que nada puede nacer de la nada, nada acabar en la nada; deben existir átomos y vacío.

Libro II. Comienza con el elogio de la filosofía: el hombre alcanza la sabiduría y la liberación del temor a través del conocimiento de la naturaleza:

> ¡Miserables mentes de los hombres! ¡Inteligencias ciegas! ¿En qué clase de sombras de vida y en qué inmensos peligros se pasa lo poco de vida que tenéis? ¿Es que no veis que la naturaleza no desea más que apartar el dolor del cuerpo y que la mente, lejos de miedos y preocupaciones, disfrute de una sensación de placer! Vemos entonces que muy poco es lo necesario para nuestra naturaleza corpórea: solo aquello que acaba con el dolor y puede ofrecernos muchos placeres (Lucrecio, *La naturaleza* 2,15-22).

Se aborda asimismo el origen del universo mediante combinaciones atómicas: los átomos están en continuo movimiento, aislados o en grupos. El mundo no fue creado por los dioses (tiene demasiados defectos). Explica la teoría del *clinamen*: la colisión de los átomos, que siempre caen, resulta posible gracias a una pequeña desviación.

Libro III. Epicuro ha abierto los ojos a Lucrecio sobre los secretos de la naturaleza. El tema ahora es la naturaleza del alma y la superación del temor a la muerte. Distingue entre *animus*, potencia intelectiva y sensitiva, parte del hombre que tiene su sede en el pecho, y *anima*, que le está sometida, unida a él y habitante de todo el cuerpo, como principio vital (el *animus* es superior al *anima*). El alma es mortal, porque sus átomos sutiles se disipan rápidamente en el todo: nace, crece y muere junto con el cuerpo, sin el cual no puede hacer nada:

> He demostrado al principio que las tenues almas están formadas por diminutos cuerpos y elementos mucho más pequeños que el líquido fluido del agua o la niebla o el humo. (...) Entonces, ahora, si sacudimos unos vasos por todas sus partes veremos que el agua se dispersa y su líquido se desparrama, y al igual que la niebla y el humo se deshacen en el aire, has de creer también que el alma se dispersa y se disuelve mucho más rápidamente en sus elementos primigenios en cuanto se separa y se aleja de los miembros del hombre (Lucrecio, *La naturaleza* 3,425-428 y 434-439).

Libro IV. Se refiere a las percepciones sensoriales. De las superficies de los cuerpos son emitidos simulacros compuestos por átomos sutilísimos, y hay también imágenes que se producen por sí solas en el aire. Analiza los *simulacra* (los *eídola* de Epicuro) y defiende los sentidos como fuente de verdad:

Pues cada sentido tiene una función específica, cada uno su propio poder, y por lo tanto se hace necesario distinguir qué es suave, qué frío o caliente gracias a un sentido específico y mediante un sentido separado percibir los diversos colores que poseen los objetos y ver todo lo que implica cada color. El gusto de la boca tiene su propia función, el olfato surge en un sentido propio y el sonido en otro. Por lo tanto, es necesario que los sentidos no se contradigan entre sí. Además, no podrán reprobarse a sí mismos, puesto que debe haber siempre una dosis justa de confianza. En consecuencia, lo que a ellos les ha parecido que es verdadero en todo momento, es verdadero (Lucrecio, *La naturaleza* 4,489-499).

Libro V. El mundo es perecedero, no divino. Los dioses no pueden tener su morada en ninguna parte del mundo y no lo han creado, puesto que es imperfecto. Es un libro de contenido cosmológico que aborda el origen del universo, los astros, la vida vegetal y animal y la evolución humana. El cosmos ha tenido su origen en el caos por una mezcla de átomos diferentes:

Al principio la tierra dio origen a los diferentes tipos de hierba y al verde follaje alrededor de las colinas y por todos los llanos, los prados floridos resplandecieron con un color verde exuberante, y a los diversos árboles se les concedió tomar parte en una inmensa competición por alcanzar los aires a rienda suelta. Igual que en las patas de los animales y en el cuerpo de las aves surgen primero plumas y pelos y cerdas, así entonces la joven tierra generó primero hierbas y brotes, y luego creó las razas mortales, que nacieron en gran número, de muchas maneras y con diversas formas. Y es que los animales no pueden haber caído del cielo, ni las especies terrestres haber surgido de los abismos del salado mar. Es evidente que la tierra ha recibido con toda razón el nombre de madre, pues de la tierra ha sido creado todo lo que existe (Lucrecio, *La naturaleza* 5,783-796).

Libro VI. Es una continuación del anterior y se ocupa de la meteorología, los fenómenos atmosféricos y las causas de las enfermedades. Concluye con la descripción de la peste de Atenas:

> El contagio fluía no poco desde el campo hacia la ciudad, era una languideciente multitud de campesinos la que la llevaba con ella: afectada por la enfermedad, convenía desde todas partes. Llenaban todos los lugares y las casas y tanto más, apiñados durante el estío, la muerte los hacinaba en montones. Muchos cuerpos yacían postrados por la sed a lo largo del camino y derrumbados junto a las fuentes, con la respiración entrecortada por el buen sabor del agua; y se podían ver muchos otros esparcidos en lugares públicos y por las calles, medio muertos, horrendos por la desolación y cubiertos de harapos, perecer entre la suciedad de su cuerpo, con solo la piel sobre los huesos, ya casi sepultados bajo úlceras repugnantes e inmundicia. Finalmente, la muerte había llenado todos los santuarios de los dioses con cuerpos sin vida; y todos los templos de los dioses celestiales estaban repletos de cadáveres por todas partes, porque los guardianes los habían llenado de visitantes. Y, de hecho, ya ni la superstición religiosa, ni la majestad de los dioses contaba mucho: el dolor presente lo superaba todo. Tampoco se mantenía en la ciudad el ritual de sepultura con el que el pueblo se hacía enterrar antes; de hecho, perturbado, todo el pueblo era presa del pánico; cada uno, entristecido, enterraba a su difunto preparado según las circunstancias. La pobreza sobrevenida indujo a muchos horrores. En medio de un inmenso griterío colocaban a sus parientes sobre las piras que otros habían levantado mientras que por debajo acercaban las antorchas prefiriendo una lucha sangrienta antes que dejar los cuerpos abandonados (Lucrecio, *La naturaleza* 6,1259-1286).

4. Eclecticismo romano

Estas tres grandes escuelas filosóficas que hemos explicado hasta ahora coincidían en esencia en que el fin del hombre es alcanzar la felicidad, que consiste básicamente en la ausencia de elementos distorsionadores y en la eliminación de las pasiones. Lo que proponen, por tanto, es que el sabio se aleje de los quehaceres de la vida humana, de sus preocupaciones y de todo aquello que pueda interponerse en nuestro camino hacia la tranquilidad de ánimo. A esta feliz coincidencia se añade otra de tipo histórico: Grecia había caído en manos de Roma, que comenzó poco a poco a "consumir" filosofía como una parte esencial de la cultura griega que estaba literalmente absorbiendo. Pero, como suele suceder siempre, nada de lo que se toma prestado se queda igual, sino que se adapta y se modela para que encaje mejor en los nuevos moldes. Eso fue lo que le pasó a la filosofía griega: poco a poco se fue modelando conforme a la mentalidad romana, una mentalidad pragmática que a duras penas entendía de ensoñaciones teóricas que no tuvieran un reflejo práctico en el comportamiento humano, es decir, en la moral. Los filósofos romanos, por tanto, más que adoptar tal o cual escuela filosófica, se vieron "obligados" a tomar de aquí y de allí, es decir, a elegir, conformando así una nueva forma de hacer filosofía denominada eclecticismo, del griego ἐκλέγω [*eklégo*], elegir.

El modo de actuar ecléctico, no obstante, no constituyó una escuela por sí misma, sino que invadió las corrientes filosóficas de moda en el momento, como el estoicismo (los epicúreos, por el contrario, permanecieron "puros"). A pesar de que contamos con nombres importantes dentro del estoicismo ecléctico, como Panecio de Rodas (185-110 a.C.), Posidonio de Apamea (135-51 a.C.) o Antíoco (muerto en el 68 a.C.), maestro del mismo Cicerón, el mejor representante de este *modus operandi* fue el propio Cicerón, como él mismo reconoce en una carta a Ático (12,52,3) cuando le dice que de suyo solo tienen sus propias palabras. Mérito no escaso, pues gracias a él Occidente conoció la mayor parte de la filosofía de su época y gran parte de la anterior. Además, el trabajo de selección y fusión ya estaba en gran parte hecho, pues se habían encargado de ello sus maestros Posidonio y Antíoco, a los que había escuchado de viva voz.

Cicerón trató de armonizar todo lo que había leído y estudiado en el campo de la filosofía para construir un sistema filosófico propio, quizás no original y propio, pero sí fundamentado sobre la elección de lo mejor de lo que había aprendido. Esta actitud le ha llevado a ser conocido por la posteridad como el más famoso de los eclécticos romanos. Esta posición es blanco fácil de la crítica por su falta de sistema o de orden, pero encuentra su justificación práctica en el esfuerzo de obrar bien, que es una de las características éticas de Cicerón. Si por eclecticismo entendemos solamente un acercamiento superficial para escoger de todos los pensadores lo que en cada caso puede convenirnos, nos encontraremos frente a un modo de pensar inferior y diletante. En cambio, Cicerón encontró en su eclecticismo una línea propia de conducta a la que se mantuvo fiel desde joven. Pero sobre él volveremos más adelante.

4.1. MARCO TERENCIO VARRÓN

Considerado por Petrarca (*Trionfi* 4,3,37-39: «il terzo gran lume romano») como una de las tres "luminarias" de Roma, después de Cicerón y de Virgilio, Marco Terencio Varrón (116 -27 a.C.), conocido como "reatino" por ser natural de Rieti (Italia), llegó a escribir la asombrosa cantidad de 490 libros, si damos crédito a lo que cuenta Aulo Gelio en sus *Noches áticas* (2,10,1). De hecho, entre sus contemporáneos, era tenido por el hombre más culto de Roma. San Agustín dijo de él que era «el hombre más inteligente de todos y sin duda alguna el más sabio» (*La ciudad de Dios* [*De civitate Dei*] 6,2). Aun así, le quedó tiempo, como corresponde al espíritu romano, para la implicación militar y política, puesto que fue triunviro, edil, legado y procuestor.

Por desgracia, toda su producción, tanto filosófica como literaria, se ha perdido: solo conservamos (casi) completo el tratado *Las labores del campo* (*De re rustica*) y unos pocos libros de *La lengua latina* (*De lingua Latina*). Sabemos que, en el campo filosófico, escribió unos *Logistoricon libri LXXVI*, una especie de tratados filosófico-morales donde cada libro tenía por título el nombre de un personaje histórico. Compuso, asimismo, unas *Sátiras menipeas*, llamadas así por haber seguido al filósofo cínico Menipo de Gádara, aunque su maestro en filosofía, al que siguió siempre, fue el estoico ecléctico Antíoco, el mismo maestro de Cicerón. Solo nos han llegado 600 versos, de 150 libros, de los que se puede deducir que los temas no solo eran filosóficos, sino también de costumbres y antigüedades romanas, todo ello en un tono, como corresponde a la auténtica sátira romana, incisivo, irónico y hasta corrosivo. Sin duda alguna, uno de los máximos ideales de Varrón estaba en el amor a la patria, a la que defiende cual legionario.

Ahora bien, cuando rescata las antigüedades romanas no pretende hacer una mera labor de arqueología moral; su interés máximo está no solo en la educación de sus coetáneos, sino en la pervivencia futura de Roma, igual que hará al escribir su obra *Antigüedades de lo humano y lo divino* (*Antiquitates rerum humanarum et divinarum*) con intención de salvar a los dioses de Roma. Con toda razón, algunos han considerado a Varrón «uno de los primeros humanistas, si por humanista entendemos al hombre que se preocupa de los valores del hombre, que pone en el centro de todos sus afanes los intereses del espíritu, al tiempo que comunica al espíritu la conciencia de su dignidad y de la personalidad humana a través de las conquistas de la investigación y de la ciencia» (Oroz Reta 1974: 508).

4.2. MARCO TULIO CICERÓN

Marco Tulio Cicerón (Arpino, 106 a.C. – Formia, 43 a.C.) es una de las figuras señeras del pensamiento y la literatura occidental, hasta el punto de que se le considera la culminación de la cultura de toda una época. Con él la prosa latina alcanzó la madurez, la convirtió en instrumento para la expresión filosófica y su lengua devino en modelo de clasicismo para las futuras generaciones. Es un autor de una inmensa producción (discursos, tratados retóricos y filosóficos, cartas, traducciones, poesía) y fue un "hombre de su tiempo", protagonista activo y espectador reflexivo y crítico del derrumbe de la República.

Cicerón es el ejemplo paradigmático de la *humanitas*, entiende su formación cultural —y esto es uno de sus mayores legados— como un elemento de enriquecimiento personal, pero proyectado a la sociedad. Por ello no se puede separar el personaje histórico de la figura literaria, aunque sea esta última, y no su actividad política, la que le granjeó popularidad en su época y admiración en los siglos venideros. Posiblemente sea el autor más discutido, elogiado y denostado de la latinidad. En vida y tras su muerte conoció las iras de los partidos opuestos: los pompeyanos, vencidos tras la batalla de Farsalia, le echaron en cara la tibieza de sus sentimientos; los cesarianos, vencedores, tras los idus de marzo, haber armado la mano de Bruto. Similar al juicio político fue el literario, y también socialmente su "moderación" le acarreó daños: quiso ser amigo de todos y no lo fue de nadie.

LA *HUMANITAS* ROMANA

La *humanitas*, con carácter general, se refiere a la naturaleza humana, los sentimientos humanos, la humanidad, además de al cultivo espiritual, la cultura, los estudios y las artes liberales. Se trata, pues, de la cultura humana, de la formación integral del individuo en sus dimensiones intelectual y moral, que solo se consigue a través de la *cultura animi*, la educación. Es un concepto romano, aunque, como muchos otros, es la síntesis de la civilización romana y la cultura griega, que nos conduce al ideal del hombre "civilizado", instruido (en Grecia se conocía como παιδεία [*paideía*], lo que hace que el ser humano sea humano y no bárbaro). En él reside la idea de que la cultura es humanidad porque la *humanitas* enseña a la persona a ser humana y le proporciona la dignidad vital, empatía, respeto. No se concibe la formación como mera erudición acumulativa, sino como un saber ennoblecido por un elevado ideal moral.

Cicerón, ejemplo paradigmático de la *humanitas*, entiende la formación cultural como un elemento de enriquecimiento personal, sí, pero proyectado hacia la sociedad, y las letras constituyen el mejor camino para el ser humano que aspira a la plenitud de su humanidad y a convertirse en un *homo humanus*.

Con todo, su grandeza es una realidad, y es que fue el primer hombre de la Antigüedad que, sin ayuda, por los solos méritos de su ingenio, por su facultad oratoria, su habilidad como escritor, aprovechando las contingencias políticas, llegó a medrar socialmente hasta llegar a la más alta magistratura, el consulado. Y todo ello sin vencer en ninguna batalla armada, ni arrollar a sus enemigos, ni anexionar tierras... Llegó a ser padre de la patria (*pater patriae*), un hombre hecho a sí mismo, de modo que ¿cómo no despertar envidias? Se trata, pues, de un personaje "polémico", uno de esos personajes en la historia de la humanidad que perduran a través de los siglos. Para unos un político inconsecuente, intolerante, ególatra insoportable; para otros un incansable luchador por la libertad, por un modelo de sociedad que se desvanecía; para todos un orador de talento inconmensurable, aceptable filósofo e inquieto intelectual.

Su vida está ligada a las luchas y cambios políticos de lo que ya en el s. I a.C. era una potencia, desde la crisis de la República de Roma y la Dictadura, hasta los hechos que condujeron al Imperio. En los años que van de la muerte de Sila (78 a.C.) a la batalla de Accio (31 a.C.) con la victoria de Octaviano, el futuro Augusto, la sociedad romana fue perdiendo su tradicional espíritu comunitario y nacional para desmenuzarse en facciones con intereses corporativos, alineados en torno a personajes políticos de relevancia como Pompeyo, Craso, César, Antonio u Octaviano. La defensa de sus ideales de conservador convencido le hicieron chocar con los intereses del triunvirato de César, Craso y Pompeyo, que buscaron la forma de mandarlo al exilio. Entró y salió de Roma y de la política hasta que murió César y volvió a la actividad para caer nuevamente en el odio de Antonio. Su pensamiento político está estrechamente conectado con su pensamiento filosófico: ligaba el concepto de República con el de República romana y se esforzaba por confrontar los principios teóricos con la situación concreta de su tiempo.

Gracias a su prolífica obra literaria conocemos al inquieto intelectual que fue, alguien cuyo saber enciclopédico le empujó a escribir sobre cualquier campo del saber humano (para las obras de filosofía moral y política, véase el cuadro adjunto). Sus mejores obras, acaso, fueron las destinadas a la oratoria y la retórica. De este último género destacan sobre todo los tratados *La invención retórica* (*De inventione*), *Sobre el orador* (*De oratore*), *División de la oratoria* (*Partitiones oratoriae*) y *El orador* (*Orator*), entre otros; por otro lado, en cuanto al ejercicio práctico de la oratoria, sus discursos y alocuciones en el senado y ante el pueblo permiten ver en acción a un gran orador, un "mago" de la palabra y el arte de la persuasión: *Discursos contra Verres* (*Orationes in Verrem*), *Discursos contra Catilina* (*Orationes in Catilinam*), *En defensa del poeta Arquias* (*Pro Archia poeta*), *En defensa de Milón* (*Pro Milone*), *En defensa de Marcelo* (*Pro Marcello*) y los *Discursos contra Marco Antonio*, también conocidos como *Filípicas* (*Philippicae*), solo por citar algunos. Además, escribió cientos de cartas (a familiares y amigos) gracias a las que conocemos prácticamente hasta el más mínimo detalle de su vida y de la situación política que le tocó vivir.

En la vida de Cicerón hay una clara "cesura", tanto en lo público como en lo privado, marcada por el consulado del 63 a.C. Hasta entonces su biografía es el relato triunfante de un advenedizo hecho a sí mismo que se abre camino en la política de Roma, sacudida por guerras civiles y por la ruptura social de la dictadura de Sila. Pero, cuando creyó haber logrado el máximo grado de fama, reputación, dignidad y autoridad en Roma, todo se desmoronó. Su modelo de político-orador estaba abocado al fracaso frente al emergente político-*imperator*, en un momento en que la toma de decisiones se fue deslizando a manos del ejército y sus generales: la palabra seguía siendo importante en el proceso de la voluntad política, pero no bastaba si no iba acompañada de las armas.

Siempre tuvo ideas conservadoras, lo que en Roma suponía defender los modos de la antigua República, basados en el senado, consejo consultivo compuesto principalmente por patricios, y el pueblo, que elegía a los magistrados y proponía leyes a través de sus representantes, los tribunos de la plebe. Es el famoso SPQR (*Senatus Populusque Romanus*). En su época el sistema estaba en crisis por una fractura entre la oligarquía gobernante y el pueblo. Los patricios, representados en el senado, acumulaban cada vez más poder y riqueza; el pueblo se había empobrecido. Se estaba resquebrajando la sólida unidad del SPQR.

El consulado (63 a.C.) marcó el culmen y el punto de inflexión de su carrera. En los años siguientes tendrá que defenderse a causa de la ejecución de los partidarios de Catilina y marchar al exilio (58-57 a.C.). El fortalecimiento del triunvirato en el 56 a.C. le obligó a precisar su actitud frente a los que tenían el poder. Decidió colaborar con ellos (puede que con íntima repugnancia), lo que le acarreó la fama y el reproche de ser un renegado tornadizo. Llegó al proconsulado de Cilicia (51-50 a.C.) y luego seguiría la guerra civil. Antes, en el 52 a.C., su situación política mejoró cuando Clodio halló la muerte y Pompeyo comenzó a alejarse de César y a acercarse al partido senatorial. Se movió entre el abandono de la vida pública —época muy fructífera literariamente— y la implicación en ella, lo que le obligaba a tomar partido entre César y Pompeyo.

En la guerra civil que estalló en el 49 a.C. asumió la condición de pompeyano, pero pronto la abandonó para obtener el perdón de César. En este difícil equilibrio se acercó a César sin llegar a convertirse en un "cesariano" (detestaba su régimen político de dictador). Su actividad política ya no era posible en un ambiente de monarquía latente. Para el orador solo restaba la posibilidad de defender a los antiguos contrincantes de César. Así saltó al primer plano, básicamente literario, desde finales del 47 a.C., y sobre todo desde finales del año siguiente con el corpus de obras filosóficas. Solo el asesinato de César (idus de marzo del 44 a.C.), que celebró como una liberación para él y para Roma, le llevó a involucrarse nuevamente en política. Intentó influir sobre los conspiradores, en especial en Bruto, para reconducir el Estado romano hacia la República tradicional, pero se exasperó ante su incapacidad política y militar para romper las estructuras creadas por los cesarianos. A la desesperada inició contra Marco Antonio su último combate por la República, a quien lanzó una serie de duros discursos, las *Filípicas*. Lo atacó despiadadamente y creyó sin éxito ser capaz de tutelar (incluso manejar) al joven Octaviano, quien, como hijo adoptivo de César, fue ganando peso en la sociedad romana hasta convertirse después en el todopoderoso *princeps*. La alianza con Octaviano acabó siendo un suicidio, para Cicerón y para la República. Las esperanzas que había puesto en él no se cumplieron: el heredero de César llegó a un acuerdo con Antonio y Lépido (segundo triunvirato). Todo acabó con su trágica muerte, proscrito por Antonio y Octaviano, el día 7 de diciembre del 43 a.C. Su cabeza y sus manos fueron expuestas a la vista de la gente en el foro.

Con la desaparición de Cicerón murió el último gran orador en Roma y finalizó una manera de hacer política, al mismo tiempo que la República romana se acercaba a su extinción. Augusto se convertiría en *princeps* el 27 a.C. La Roma soñada por Cicerón había muerto.

4.2.1. Cicerón y la filosofía

La aportación filosófica de Cicerón no ha sido reconocida como se merece en la Historia de la Filosofía. Fue, indudablemente, una de las figuras principales del pensamiento y de la literatura occidental, pero en multitud de ocasiones se le ha criticado su falta de originalidad, la ausencia de un sistema filosófico definido y propio, el hecho de ser un mero traductor de los griegos, su simpatía por el eclecticismo, su dedicación poco constante y muy tardía a la filosofía. Escribió muchas obras, pero en un periodo de tiempo breve, el último de su vida, lo que hizo que su producción filosófica fuera poco cuidada y, en no pocas ocasiones, contradictoria. Ahora bien, el verdadero mérito de Cicerón radica en el papel fundamental que ocupó en la adaptación de la filosofía griega al mundo romano, y por ende a todo lo que después sería el occidente latino. Es más que probable que sin él no hubiéramos entendido y asimilado la filosofía griega, caracterizada por unos conceptos abstractos que no existían, ni existen en muchos casos, en ninguna otra lengua.

El primer acercamiento de Cicerón a la filosofía se produjo más o menos a los dieciocho años, cuando el académico Filón, huyendo de la guerra con Mitrídates, había llegado a Roma. Para Cicerón la filosofía apareció como el campo más apropiado para completar su *humanitas*: no se puede ser verdaderamente hombre si no se es capaz de razonar.

Las principales escuelas filosóficas donde se formaban griegos y romanos —en viajes de estudio— eran la Academia de Platón, el Liceo de Aristóteles, la Estoa y el Jardín de Epicuro. Cicerón mostró siempre auténtica veneración por Platón, aunque, cuando entró en contacto con su Academia, esta ya había cambiado ligeramente sus principios hacia la duda escéptica. Menos contacto tuvo con los peripatéticos, los seguidores de Aristóteles, aunque en cuestiones de moral y política sí fueron una referencia para él. El ideal aristotélico de la política era una mezcla de tres poderes: monarquía, aristocracia y democracia; en Roma, dos cónsules tenían poder monárquico, el senado aristocrático, y los comicios popular: es lo que se conoce como *concordia ordinum*, que solo podía darse bajo una constitución mixta (*genus mixtum*) como la que veía en la época de los Escipiones:

> Igual que en el canto o en el coro de voces se debe obtener de distintos sonidos un concierto pleno, así de los órdenes sociales más elevados y de los más bajos, de los intermedios, como pasa con los sonidos, la ciudad con equilibrada proporción está en acuerdo por medio de la armonía de los más diversos: y lo que los músicos llaman armonía del canto, en la ciudad se llama concordia (Cicerón, *El Estado* 2,39).

El acercamiento de Cicerón al estoicismo fue en cierto modo indeterminado. La inflexible conducta de algunos estoicos suscitó sus ataques y, de hecho, sus *Paradojas de los estoicos* (*Paradoxa Stoicorum*) son una dura crítica a las posiciones extremistas de algunos de ellos. En otras ocasiones, por el contrario, reconocía aspectos positivos en el estoicismo como la sed de justicia, el ansia de libertad y la afirmación de que el derecho no se funda en la voluntad del legislador, sino en las leyes de la naturaleza y, en primer lugar, en el de la consecución del bien absoluto (*summum bonum*). Gracias al estoicismo (especialmente a la Estoa Media de Posidonio), Cicerón recuperó también una parte de la doctrina pitagórica que afirmaba que las almas proceden del fuego de los astros y que el cuerpo es cárcel del alma o, dicho de otro modo, que el alma debe liberarse de las cadenas del cuerpo. No obstante, rechazó el suicidio, considerado por algunos estoicos como el más alto gesto de justicia cuando la libertad estaba amenazada. Cicerón cree firmemente que no es lícito abandonar esta vida antes de que la divinidad lo ordene, como afirma en *La vejez* (20,73) y en *Debates en Túsculo* (1,74): «Y es que nos prohíbe la divinidad, que domina sobre nosotros, partir sin su consentimiento», y en el propio *Sueño de Escipión* (15), cuando, ante la maravillosa descripción de la vida del más allá que le ha hecho su abuelo el Africano, Escipión alude veladamente al suicidio y provoca de inmediato su corrección.

El Jardín de Epicuro, por el contrario, nunca suscitó las simpatías de Cicerón. Es posible que la visión de ciertos epicúreos dados al libertinaje, que habían transformado la doctrina del maestro en un simple hedonismo materialista, justo lo contrario de lo que Epicuro predicaba, provocaran su más abierto rechazo. La renuncia a la ambición y a la gloria propia de esta doctrina tampoco parecían ayudar mucho: era imposible que Cicerón, movido desde joven por sueños de gloria, pudiera seguir a Epicuro. Aunque no es menos cierto que, al final de sus días, su concepto de gloria ya era otro; así, en el *Sueño* (23) el Africano le pregunta a su nieto: «¿De qué les sirve a los que nacerán después que se hable de ti cuando no lo han hecho ni siquiera los que nacieron antes?». Esta antipatía le llevó a malinterpretar otras ideas que sí habrían podido congeniar con las suyas, como la defensa de la amistad, uno de los más altos ideales de la vida para Epicuro. En su obra *La amistad* (*De amicitia*), Cicerón atribuye al epicureísmo la interpretación de la amistad como una forma de utilitarismo, nada más lejos de la realidad. Sin embargo, lo que más le disgustaba era la negación de la divinidad y la inmortalidad del alma. A pesar de editar, como afirma san Jerónimo, *La naturaleza* de Lucrecio, no podía concebir un mundo hecho de átomos, donde la materia lo es todo.

Pero, por encima de todo, lo que más disgustaba a Cicerón era la defensa de la apatía que promovían los estoicos, así como la ataraxia propia de los epicúreos, entre los que se encontraba su amigo Ático, que vivían al margen de la vida política de Roma.

Sencillamente la posibilidad de que un político prometedor y con ambiciones como Cicerón se sumara a la ataraxia, a esa imperturbabilidad de ánimo, era imposible. Más prudente o más sabia parecía la posición de Ático, consciente de que la adhesión a una u otra facción política podía implicar el exilio e incluso la muerte. Cicerón fue incapaz de renunciar a la vida activa (al menos hasta sus últimos años): el éxito tenía mayor atractivo, a pesar de los sufrimientos que podía, y de hecho pudo, acarrearle. No implicarse en la vida pública habría sido ir contra el *mos maiorum*, algo inasumible para alguien fiel a las tradiciones romanas y Cicerón no podía asumir una teoría que lo pusiese en contradicción consigo mismo y con el pasado de Roma.

LA TRADICIÓN O *MOS MAIORVM*

Uno de los conceptos más importantes en la formación de un ciudadano romano era curiosamente uno no escrito: *mos maiorum* ("tradición o costumbre de nuestros mayores"). En efecto, la juventud romana debía educarse en una serie de valores tradicionales como eran la honestidad, la lealtad, la incorruptibilidad o la justicia, por citar solo algunos. El modelo a seguir no era otro que la actuación de sus antepasados, por muy remotos que fueran, en situaciones semejantes. Para ello bastaba escuchar o leer las grandes historias del pasado glorioso de la ciudad de Roma; tanto era así que Cicerón escribió en *Debates en Túsculo* (4,1,3) que todo lo bueno de Roma nace «de las costumbres e instituciones de nuestros mayores». Y no se trata de leyes ni de una forma de derecho natural de obligado cumplimiento, sino de costumbres no escritas, una especie de «siempre se ha hecho así» o «así es como hay que hacerlo». Diferenciamos claramente, por tanto, el *mos* de la *lex*; esta última implica una obligación asociada a una sanción porque su cumplimiento está por encima de nuestra voluntad, mientras que el cumplimiento con el *mos* es lo que se espera del romano comprometido con su patria.

La *lex*, además, no ha existido siempre, ha sido promulgada en algún momento, mientras que la existencia de la costumbre se pierde en el recuerdo, de modo que es, precisamente, su antigüedad la que le confiere mayor autoridad.

Con todo, en el aspecto práctico de la vida estuvo más próximo a las soluciones estoicas que a las epicúreas, aunque no terminaba de entender, ni siquiera en los años finales de su vida en los que se retiró de la vida pública, qué placer se podía encontrar en vivir alejado del mundo. Prefería a los estoicos cuando hablaban de conseguir la tranquilidad del alma con el ejercicio de la virtud, y no a los epicúreos que evitaban todo tipo de pruebas, preocupados solamente por no turbar su tranquilidad. Terminó por reconocerles a los estoicos cierta nobleza de intenciones en el campo de la moral práctica, lo que le llevó a suavizar sus críticas hacia ellos: el sabio se basta a sí mismo, pero no debe aislarse de la sociedad humana. El sentimiento de pertenencia a un pueblo y a una patria ocupaba un lugar sobresaliente para Cicerón, lo que le llevó a aplicar de forma práctica la virtud defendida por el estoicismo: para él es imposible no tomar parte en las cuestiones que atañen a sus conciudadanos romanos. Frente a estoicos y epicúreos, la República romana no podía verse privada de los mejores ni permitir que dejaran de luchar por la libertad. En este sentido, Cicerón no podía renunciar a la concepción platónica y aristotélica que impone al ciudadano la participación en política, que podría llegar incluso hasta las tareas de gobierno.

LA OBRA FILOSÓFICA DE CICERÓN

Cuestiones académicas (*Academica* o *Academici libri*): contamos con dos redacciones de esta obra cuyo tema fundamental era la teoría del conocimiento; la primera, *Academica priora*, que según el propio Cicerón no debería haberse publicado (*Cartas a Ático* 12,13,1), estaría formada por dos libros en forma de diálogos de los que solo nos ha llegado el segundo, que lleva por título *Lucullus*, el nombre de su interlocutor. Por otra parte, de los cuatro libros que conformaron la segunda redacción de la obra, *Academica posteriora*, solo hemos conservado uno en el que Cicerón dialoga con Marco Terencio Varrón, ecléctico, y con su amigo Ático, seguidor de Epicuro.

Debates en Túsculo o *Tusculanas* (*Tusculanae disputationes*): diálogo sostenido en la famosa villa que Cicerón poseía en Túsculo, en las cercanías de Roma; cada uno de los diálogos se prolongó por una jornada completa. El primero trata sobre el desprecio de la muerte; el segundo sobre la manera de soportar el dolor; el tercero sobre la aflicción; el cuarto sobre la demostración de que el sabio está libre de cualquier tipo de pasión; y el quinto se cuestiona si la virtud es suficiente para una vida feliz.

El supremo bien y el supremo mal (*De finibus bonorum et malorum*): diálogo en cinco libros donde investiga sobre la naturaleza del bien, que los epicúreos ponían en el placer y los estoicos en la virtud.

Paradojas de los estoicos (*Paradoxa Stoicorum*): explicaciones sobre las paradojas éticas de la escuela de los estoicos.

El Estado (*De re publica*): diálogo en cinco libros sobre filosofía política. En el primero se indaga sobre la mejor forma de gobierno; en el segundo se tratan la génesis y el desarrollo de las instituciones romanas; el tercero, prácticamente perdido, trataría sobre la necesidad de la justicia para regir el Estado; el cuarto y el quinto, perdidos a excepción de unos cuantos folios, versaban sobre la educación romana y la formación del ciudadano ideal, respectivamente. Del sexto no queda nada excepto el famoso *Sueño de Escipión*.

Las leyes (*De legibus*): escenificación de un diálogo sostenido en Arpino, localidad natal de Cicerón, a lo largo de un día de verano. El propio Cicerón lo concibe como una continuación del *De re publica*. Consta de tres libros. En el primero aborda la existencia del derecho natural, base de la propia ley; en el segundo se exponen y comentan las leyes relativas al culto religioso; y en el tercero se estudian las que tienen que ver con las magistraturas.

Los deberes (*De officiis*): su última obra filosófica, dedicada a su hijo Marco y dividida en tres libros. En el primero trata sobre lo honesto, en el segundo sobre lo útil y en el tercero compara ambos conceptos.

La amistad (*Laelius de amicitia*): escenificación de un diálogo en el que, a propósito de cómo lleva Lelio la muerte de su amigo Escipión el Africano, se habla sobre el tema de la amistad. Entre otros aspectos Cicerón trata sobre su origen, ventajas, peligros, obligaciones, la concepción utilitarista de la amistad, la difícil relación entre política y amistad, sus límites o su ruptura.

La vejez (*Cato Maior de senectute*): escrito poco antes de su muerte y dedicado a su amigo Ático, Cicerón en este breve tratado presenta a Catón cuando tenía ya 83 años charlando con Lelio y con Escipión Emiliano. Es el propio Catón el que refuta ciertos tópicos sobre la naturaleza de la vejez como la debilidad física y mental o la imposibilidad de gozar de los placeres del cuerpo.

5. El estoicismo en Roma

5.1. LUCIO ANNEO SÉNECA

No contamos con datos seguros sobre la vida de Séneca, porque los historiadores antiguos que nos aportan información (Tácito, Dión Casio y Suetonio) se basaron en obras hoy perdidas y transmiten datos en ocasiones diferentes e incoherentes, de modo que no tenemos una única versión. A esto hay que sumar que sus obras son poco transparentes desde el punto de vista autobiográfico (incluso en sus *Cartas morales a Lucilio*), sobre todo en lo relativo a la actividad política, con pocas referencias a sucesos o personajes concretos. En cambio, su obra sí es mucho más clara en lo relativo a su vida interior, a su propia personalidad, a sus principios y creencias.

Lucio Anneo Séneca, llamado hoy en día "el Joven" para diferenciarlo de su padre, "el Viejo", nació en Córdoba, en el seno de una familia acomodada, a finales del siglo I a.C. o principios del I d.C., y es el segundo hijo del matrimonio de Séneca el Viejo con Helvia. Siendo muy pequeño, fue llevado a Roma, donde transcurriría la mayor parte de su vida, que se enmarca en la dinastía Julio-Claudia. En los estudios de retórica contó con excelentes maestros y en esa formación para la declamación debió de adquirir algunos rasgos de su estilo, junto con los hábitos de composición que demostró a lo largo de su producción. De manera paralela a su formación retórica se fue desarrollando su estudio de la filosofía. No nos consta que viajara a Grecia, como sí hizo, por ejemplo, Cicerón, para formarse directamente allí, bien por su delicada salud bien porque pensó que no necesitaba salir de Roma para tener una gran formación retórica y filosófica. Y es que en Roma se había creado la primera escuela de filosofía, gracias a Q. Sextio, que combinó en sus enseñanzas la tradicional moral romana con ideas estoicas y algunas prácticas pitagóricas. Séneca no lo trató personalmente, pero sí a sus discípulos, entre ellos su hijo, Sextio Niger, Papirio Fabiano y Soción, a los que se suma Átalo, maestro estoico con ciertas simpatías por los postulados de Epicuro: ponderaba, más allá del rigorismo estoico, sentimientos como la amistad e insistía en que la filosofía debe volver mejores a los seres humanos, para lo cual defendía prácticas ascéticas. Séneca acabó optando por el estoicismo, si bien con matices.

Por esa época debió de dar sus primeros pasos en la carrera política, mientras que, con la retórica, la ciencia y la filosofía, cultivaba la poesía. Pero su frágil salud empeoró y agravó sus catarros crónicos con fiebres, anemia e, incluso, tuberculosis, lo que le hundió en una profunda depresión. Seguramente por su salud interrumpió su recién iniciada carrera política y decidió viajar a Egipto para recuperarse. Allí se interesó por la religión y costumbres egipcias y, tal vez, llegó a conocer las creencias de la colonia hebrea de Alejandría, donde Filón llevaba a cabo una suerte de síntesis entre judaísmo y helenismo.

Regresó de Egipto en el año 31 y retomó su carrera política accediendo a la cuestura, magistratura que daba acceso al senado. Desplegó en este momento una gran actividad en Roma y tuvo gran éxito como orador y como abogado, frecuentando el palacio imperial. Su natural y su presencia en la alta sociedad, donde brillaba gracias a su talento, provocaron la envidia de Calígula, quien ordenó en el año 39 su muerte, revocada gracias a que una de las amantes del emperador le aseguró que se encontraba muy mal de salud y que moriría pronto. Forzado al silencio, recuperó su dedicación al estudio, lo que dio como fruto las primeras obras conservadas y otras perdidas, que ayudaron a que su fama como orador siguiera creciendo. Así, se suele situar en este momento la *Consolación a Marcia* (*Consolatio ad Marciam*), en época de Calígula, consolación motivada por la muerte de un hijo que presenta entre líneas una dura condena de la tiranía de Tiberio y, tal vez, también de Calígula. Posiblemente a este período pertenecen tratados científicos perdidos y la biografía de su padre. Y en el inicio del principado de Claudio se sitúa el diálogo *La ira* (*De ira*), dirigido a su hermano que, más allá de hablar de ese defecto, incluye reflexiones de orden político, puede que dirigidas al sucesor de Calígula, asesinado en enero del 41.

El emperador Claudio levantó el destierro de Julia Livila y Agripina, pero, por intrigas de Mesalina, su esposa, a finales de ese año se acusó a Séneca de adulterio con Livila. Fue condenado a muerte, pero, de nuevo, el emperador le conmutó la pena por el destierro. En los ocho años que pasó exiliado en Córcega, Séneca alternó el cultivo de las ciencias y la filosofía con otros estudios más livianos como la poesía, pero su estado anímico era delicado, como se refleja en el exordio de la *Consolación a Helvia* (*Consolatio ad Helviam*), su madre, redactada posiblemente el mismo año 41 o 42, una vez recuperado de la impresión inicial que le provocó tener que salir de Roma, lo que le permite mostrarse feliz y seguro del poder de la virtud desde los postulados del estoicismo, que promulgaban la suficiencia de la virtud para vivir feliz. De esta manera ofrecía consuelo a su madre. Pero esa entereza experimentó algún tipo de debilitamiento, pues la vida en la isla se le hacía insoportable y echaba de menos Roma y su familia, según se desprende de su *Consolación a Polibio* (*Consolatio ad Polybium*). Seguramente su nostalgia coadyuvó a la redacción de este escrito consolatorio por la muerte de un hermano.

Frustrada la esperanza de un pronto regreso, su estadía en la isla en la flor de la vida, tras haber gozado del éxito y el prestigio, hubo de contribuir a una asimilación profunda y sincera de la "autarquía de la virtud" estoica, que quedará plasmada en su *La entereza del sabio* (*De constantia sapientis*), cuya tesis es que el sabio no puede sufrir injuria ni ofensa alguna. Las obras de Séneca muestran un interés y conocimiento real de la poesía y nos consta, también, que él mismo compuso poemas, pero hay dudas sobre la autenticidad de lo que la tradición nos ha legado con su nombre, más allá de la *Calabacificación del divino Claudio* (*Apocolocyntosis divi Claudii*), sátira menipea que compuso a la muerte del emperador. Es probable que en Córcega compusiese ochenta epigramas (se rechaza la autenticidad de dos y se discute en todo caso la atribución del conjunto), todos ellos en dísticos elegíacos salvo tres en endecasílabos falecios, que abordan temas de distinto calado.

En enero del 49 Claudio se casó con su sobrina Agripina, que consiguió no solo el regreso de Séneca del destierro, sino también la pretura. Al parecer, Séneca tenía la intención de dirigirse a Atenas para dedicarse al estudio, pero Agripina lo rescató del exilio con la intención de tapar sus desmanes con la alegría que produciría su retorno, y además le confiaría la formación de su hijo. Esta nueva actividad en la corte y sus nuevas responsabilidades políticas no provocaron un paréntesis en el estudio y cultivo de las letras, sino que las hizo compatibles. Así, abordó la cuestión del *otium* y el *negotium* en dos diálogos de estos años, a saber, *La brevedad de la vida* (*De brevitate vitae*) y *La tranquilidad del alma* (*De tranquillitate animi*). Además, esta cuestión será de nuevo objeto en *El ocio* (*De otio*), que no se conserva íntegro, compuesto tal vez ya en el declive político de Séneca, así como en las *Cartas morales a Lucilio*. En este punto, el estoicismo se oponía a la doctrina de Epicuro, que dijo que el sabio no habría de dedicarse a la política, a no ser por imposición, frente a Zenón, que defendía que se dedicara a la política, salvo que algo se lo impidiera. Séneca, más cercano a la doctrina estoica, que en este punto era próxima a la tradición romana, sostiene una línea intermedia acorde con su insistencia en la interioridad.

A la muerte de Claudio, al parecer envenenado por Agripina, Séneca pasará de *magister* a *minister* del joven Nerón. Desde el primer momento es obvia la relevante posición de Séneca en la corte, aunque no hay acuerdo sobre la capacidad de influencia en el gobierno y, sobre todo, de la coherencia entre su praxis y doctrina política. En su obra, que como ya se ha indicado no habla de su actividad política, tampoco hay una "teoría política" ni se tratan con detenimiento argumentos políticos, salvo en la *Calabacificación del divino Claudio* y el tratado *La clemencia* (*De clementia*). Desempeñó junto a Burro un importante papel en la trama del poder dentro de la corte imperial. Su actuación fue bastante controvertida, sobre todo porque un moralista empedernido y consejero de Nerón era, además, inmensamente rico. Se empiezan a propagar graves críticas y denigrantes comentarios sobre Séneca, sobre todo por parte de Suilio, antes delator al servicio de Mesalina y ahora procesado. Lo curioso es que nuestro autor no habla de ellas ni trata de refutarlas en sus obras, tal vez con excepción de *La vida feliz* (*De vita beata*), diálogo compuesto en el año 58 y traducido en este libro. Tenemos, pues, un autor con una muy clara posición doctrinal y con un tenor de vida poco "coherente", una suerte de contradicción entre la vida interior y exterior. Él intenta la superación de esa aparente contradicción por la vía de la libertad interior, que aborda en el tratado *Los beneficios* (*De beneficiis*), cuya composición debió de ocuparle varios años.

Además de la poesía epigramática mencionada, nuestro autor también escribió tragedia, de excelente calidad literaria, único corpus de tragedias completas de la literatura latina antigua. Los títulos de cuya autoría no cabe duda son: *Hércules furioso* (*Hercules furens*), *Fenicias* (*Phoenissae*), *Medea* (*Medea*), *Tiestes* (*Thyestes*), *Fedra* (*Phaedra*), *Edipo* (*Oedipus*), *Agamenón* (*Agamemnon*) y *Las troyanas* (*Troades*). Es destacable la presencia del estoicismo en las tragedias y se ha estudiado, también, su posible intencionalidad política por la presencia de algunas ideas de política general, o mejor de ética política, como la promoción de la paz y la condena de la guerra, por ejemplo, o la incidencia de la virtud y los vicios en el gobierno.

Una vez fallecido Burro y entregado Nerón al consejo de los otros, Séneca le solicitó al menos en dos ocasiones el retiro de la política, pero el emperador no se lo permitió, si bien, alegando motivos de salud, intentó recortar progresivamente su actividad política y social en la corte y en Roma, dedicando el *otium* al estudio. En este período compone las *Investigaciones sobre la naturaleza* (*Naturales quaestiones*), las *Cartas morales a Lucilio*, libros perdidos sobre filosofía moral y, según varios estudiosos, algunas de las tragedias, parte de *Los beneficios* (*De beneficiis*), los diálogos *El ocio* (*De otio*) y *La providencia* (*De providentia*) y algún otro hoy perdido. Una producción tan enorme en ese corto período de tiempo es reflejo de los intereses intelectuales y literarios que movieron a Séneca y que ahora alcanzan su culmen desde un punto de vista filosófico y artístico. A partir de su formación juvenil, de las tres ramas en que se dividía la filosofía (lógica, ética y física), se ocupó poco de la lógica, y de sus dos partes se interesó más por la retórica que por la dialéctica, y se dedicó a la física y, sobre todo, a la ética, tanto en la parte más dogmática como en la práctica. Sobresalen en este sentido las *Cartas morales a Lucilio*, sobre cuya naturaleza real o ficticia mucho se ha escrito.

Las últimas obras de Séneca confirman una profunda impregnación espiritual y religiosa, de carácter muy personal y no meramente teórica, lo que implica que, en cierto sentido, sea ajena a la tradición estoica más ortodoxa. Muestra una clara ponderación de la importancia de la *voluntas*, ajena al pensamiento griego en general, y va más allá de la doctrina estoica en la estimación de los sentimientos por la vía de una solidaria *humanitas*.

Este período de profunda reflexión y de fecundidad intelectual (y que nos recuerda inevitablemente a los últimos años de Cicerón, en los que desarrolló su producción filosófica) se vio interrumpido por el obligado suicidio. Efectivamente, los nuevos favoritos del *princeps* no cejaron en su persecución y, tras un intento fallido de implicarle en la conjuración de Pisón, y puede que, por salir indemne, gracias a su frugal alimentación, de un envenenamiento ordenado por Nerón, el emperador se escudó en una nueva delación y ordenó su muerte. Séneca cumplió la orden con absoluta serenidad abriéndose las venas en el año 65 como un "buen estoico", dictando un largo discurso que, desgraciadamente, no nos ha llegado y que Tácito (*Anales* [*Annales*] 15,63) no reseñó precisamente porque era muy conocido.

La personalidad de Séneca es tremendamente compleja, resultado de una vida llena de contrastes en medio del ambiente mundano y fastuoso de la corte imperial, llegando a comprometerse en negocios financieros de dudosa legalidad que le condujeron a la riqueza, si bien, gracias a la filosofía, fue capaz de llegar al ascetismo más riguroso, es decir, a vivir en la renuncia de lo mundano en busca de la perfección espiritual. La absoluta rigidez moral de sus máximas era incompatible con sus claudicaciones y, con todo, su enigmática vida ofrece gestos dignos de ser reconocidos que tuvieron su colofón en una muerte heroica y serena que pudiera llegar a compensar sus excesos.

LA OBRA FILOSÓFICA DE SÉNECA

Diálogos (*Dialogi*): Bajo el nombre genérico de *Diálogos* (término que remonta a la tradición filosófica iniciada por Platón) se incluyen diez tratados breves que solo en un caso, *La tranquilidad de ánimo*, mantiene realmente la forma dialogada; en el resto Séneca habla en primera persona al destinatario de la obra.

---

1. *La providencia* (*De providentia*): se trata la vieja cuestión de la existencia de los males que afligen a los buenos: ¿cómo puede la providencia permitirlo? Los males morales no pueden dañar al sabio, que es inmune a ellos, pero hay otras desgracias que afectan a todos, aunque para Séneca no son más que pruebas que pone la divinidad a los buenos para lograr aún una mayor perfección de ellos.

2. *La entereza del sabio* (*De constantia sapientis*): elogio de la filosofía estoica. Nada podrá dañar nunca al sabio de verdad puesto que su virtud está por encima de cualquier ataque de la Fortuna.

3. *La ira* (*De ira*): compuesto en tres libros; en los dos primeros, la ira se incluye entre las pasiones que ofuscan la razón; es un acto de violencia que impide el bien común. En el tercero describe sus perniciosos efectos en la sociedad y sugiere una serie de remedios.

4. *Consolación a Marcia* (*Consolatio ad Marciam*): obra de consuelo espiritual a Marcia, hija del senador Aulo Cremucio Cordo, que no se resignaba a aceptar la muerte de su hijo de corta edad. Séneca insiste en la necesidad de la muerte; solo podrá vivir en paz consigo misma si acepta que el orden natural lo ha estipulado así: todo lo que nace debe morir.

5. *La vida feliz* (*De vita beata*): dedicado a su hermano mayor, Séneca entra en este tratado en conflicto con los epicúreos, puesto que defiende que la felicidad no está en los placeres, sino en alcanzar la virtud por medio del deber y las obligaciones morales. Propone asimismo una vida moderada lejos de las riquezas y se defiende de las acusaciones de incongruencia entre su modo de vida y su doctrina filosófica.

6. *El ocio* (*De otio*): para Séneca el concepto de *otium* no equivale al concepto moderno de "tiempo libre", sino que se trata de tiempo dedicado voluntariamente al servicio de la comunidad. Aquí de nuevo se diferencia de los epicúreos que, por sistema, debían permanecer alejados de la vida pública y política; el filósofo estoico, por el contrario, debe dedicarse a esta a menos que algo se lo impida.

7. *La tranquilidad de ánimo* (*De tranquillitate animi*): único de los diálogos donde verdaderamente hay una conversación entre Séneca y su amigo, Anneo Sereno, funcionario romano, al que también le dedica *La entereza del sabio* y *El ocio*. Séneca permite que el joven Sereno desahogue las inquietudes que asolan su estado de ánimo con él para luego darle los consejos propios de quien ha vivido más y tiene más experiencia; entre otros aspectos, la austeridad de vida, el control de las pasiones y la correcta elección de amigos le ayudarán a conseguir la paz mental.

8. *La brevedad de la vida* (*De brevitate vitae*): en este tratado Séneca dice que la vida nos parece breve porque la dedicamos a objetivos inútiles perdiendo el tiempo, cuando, en realidad, la naturaleza nos da el tiempo que necesitamos para llevar a cabo las obras que merecen la pena; la vida, pues, será larga si empleamos bien el tiempo.

9. *Consolación a Polibio* (*Consolatio ad Polybium*): dedicada a Polibio, liberto del emperador Claudio, por la muerte de su hermano, aunque entre los consuelos el filósofo entremezcla duras afirmaciones sobre la muerte y una serie de alabanzas y elogios al propio emperador, quizás por haberla escrito durante su exilio en Córcega.

10. *Consolación a su madre Helvia* (*Consolatio ad Helviam matrem*): escrita a su madre durante el tiempo de su exilio en Córcega para, en cierto modo, dejarla tranquila ante su situación. Además, para el filósofo, la privación de lujos y de bienes materiales no significa nada.

Tratados:

Los beneficios (*De beneficiis*): tratado en siete libros escrito en la última parte de su vida en el que conjuga observaciones y consejos prácticos sobre el arte de hacer favores, es decir, la voluntad de ayudar a nuestros semejantes, el amor al prójimo y el deber social, puesto que se busca el criterio que debe regular las relaciones en sociedad.

La clemencia (*De clementia*): tratado en dos libros dedicado a la educación de Nerón en el que Séneca explora la relación entre filosofía y política. La clemencia aparece como la principal virtud que ha de poseer un soberano.

Epistolografía:

Cartas morales a Lucilio (*Epistulae morales ad Lucilium*): colección de 124 cartas divididas en 20 libros a un supuesto amigo Lucilio (del que nada se sabe, incluso se duda de su autenticidad) escritas en Nápoles entre los años 62 a 65 d.C. Este epistolario es, quizás, la obra capital de Séneca en la que ofrece un compendio de todo su pensamiento, pues no solo trata cuestiones ya abordadas en otros títulos, sino que introduce temas nuevos, como, por citar alguno, su teoría y crítica literaria. En estas 124 epístolas Séneca ha sabido diferenciar perfectamente la carta filosófica de la mera correspondencia o de la correspondencia política propia de Cicerón. Parece que su modelo fueron las cartas de Epicuro en las que lo principal eran la educación y la formación.

Obra científica:

Investigaciones sobre la naturaleza (*Naturales quaestiones*): obra de su última etapa vital dedicada a los fenómenos físicos, especialmente meteorológicos y celestes, formada por siete libros, en donde se aprecia más la doctrina platónica que la estoica que había cultivado siempre, aunque no reniega de ella. A grandes rasgos, el libro primero se dedica al fuego y a los espejos, el 2 a truenos y relámpagos, el 3 a las aguas terrestres, el 4 a la nieve, lluvia y granizo mientras que el 5 a los vientos; en el 6 se tratan los terremotos y en el 7 la astronomía. No se trata de una obra científica en sentido moderno, obviamente, pero sí se caracteriza por la observación directa y la reflexión racional, aspectos básicos del proceder científico actual.

5.2. EPICTETO

No parece que Epicteto haya tenido una vida fácil puesto que, en Roma, fue esclavo de un liberto de Nerón, un tal Epafrodito, cuya característica más destacada, según el propio Epicteto, fue la crueldad hacia él. A pesar de su condición de hombre no libre, parece ser que frecuentaba las clases de Musonio Rufo, filósofo epicúreo que, como tantos otros, no dejó nada escrito, por lo que lo poco que sabemos de él se lo debemos a sus propios discípulos. Fue precisamente durante esas lecciones cuando Epicteto vio clara su futura vocación de filósofo.

Sin embargo, Epicteto no había nacido en Roma, sino en Hierápolis (antigua región de Frigia, hoy Turquía) en el 50 d.C. y a una edad bastante temprana marchó a Roma, donde residió hasta el 93 d.C. cuando el emperador Domiciano promulgó el edicto de expulsión de Roma de todos los filósofos. Sabemos que en algún momento anterior a esta fecha tuvo que ser liberado porque marchó como hombre libre a Nicópolis en Egipto, donde fundó una escuela de filosofía de carácter estoico cuyo objetivo era el regreso a la doctrina original del estoicismo, especialmente al de Crisipo. En general, se trataba de unas enseñanzas dominadas por la religiosidad: Dios es el padre de los hombres y está dentro de nosotros y de nuestra alma. La vida, pues, es un don divino y por tanto hay que obedecer los preceptos de la divinidad. Esta concepción hizo que Epicteto pareciera cristiano y, de hecho, su *Manual* (Ἐγχειρίδιον [*Encheirídion*]), publicado por su discípulo Flavio Arriano, se usó para la enseñanza de los jóvenes cristianos. Sin embargo, las diferencias entre ambas doctrinas son más que evidentes. Para Epicteto, como también para Séneca y otros estoicos, la virtud solo se alcanza mediante el ejercicio de la razón y la investigación, mientras que para el cristianismo nada es posible sin la intervención de Dios, que pone en manos de los hombres su propia salvación por medio del don de la fe.

Para Epicteto la virtud es libertad, pero el hombre solo es libre en su interior si consigue desvincularse de los bienes externos. Todo lo que no depende en primera instancia de nosotros, como las cosas del cuerpo, el poder o las riquezas, no puede alterarnos. Estamos ante la teoría de la bipartición, que Epicteto resume en esta máxima que, junto con muchas otras, Flavio Arriano publicó bajo el nombre de Διατριβαί [*Diatribái*] que en castellano se suele traducir como *Disertaciones*: «En eso consiste la educación, en aprender qué es lo propio y qué es lo ajeno» (*Disertaciones* 4,5,7). Las cosas se dividen, entonces, en dos clases: las que son actividades propias del hombre, como las opiniones, los deseos, los impulsos, etc. y las que no: el cuerpo, las riquezas, la reputación, las cargas, etc. Las primeras están en nuestro poder, las segundas no.

Esta división hace de Epicteto más un moralista que un filósofo, no solo por tender más a la práctica que a la teoría, sino porque esta división comporta una toma de posición moral por parte del hombre: solo hay bien y mal en la primera clase, lo demás es indiferente. El hombre debe elegirse a sí mismo, y no los objetos externos, como fin de la propia actuación. La vida del hombre, por tanto, es una elección moral, que Epitecto llamaba con el término προαίρεσις [*proáiresis*], literalmente "preelección", que se puede interpretar como "elección moral": «Porque no eres carne ni pelo, sino elección moral» (*Disertaciones* 3,1,40). Esta "elección moral" será la única responsable de la virtud o del vicio, en ningún caso podremos culpar a agentes externos:

> ¿Y qué es lo que puede impedir por naturaleza la elección moral? Ninguna de las cosas que son ajenas a la elección moral, sino solo ella

misma cuando se desvía. Por eso ella sola puede llegar a ser virtud o vicio (Epicteto, *Disertaciones* 2,23,19).

La elección moral forma parte, entonces, del ser humano: el bien y el mal residen en nuestra voluntad (*Disertaciones* 1,29,1), de modo que somos sus únicos responsables. El progreso moral se consigue, entre otras cosas, haciendo examen de conciencia y consta de tres etapas: la primera, ordenar nuestros deseos según la razón, liberarnos de las pasiones y alcanzar la tranquilidad de ánimo; la segunda, el cumplimiento del deber (καθῆκον [*kathêkon*]), y la tercera controlar nuestros juicios y opiniones, aquello que llamábamos actividades propias del ser humano.

5.3. MARCO AURELIO

Fueron precisamente las *Disertaciones* de Epicteto un punto de referencia para Marco Aurelio, el filósofo que ocupó el trono imperial. Nacido en el 121 d.C. mostró muy pronto su interés por la dialéctica y la filosofía. Fue adoptado por Antonino Pío (86-161 d.C.), a quien sucedió en el trono hasta el 180, año de su muerte. Gracias a la filosofía Marco Aurelio ejercitó la carga de sus obligaciones con el sentimiento estoico del deber, no demostrando nunca soberbia ni orgullo por quien era, sin duda, la persona más poderosa sobre la tierra en aquel momento. Es más, su ejercicio del poder fue siempre en beneficio del prójimo: «Propio del hombre es amar incluso a los que tropiezan. Y eso se consigue en cuanto se te ocurra pensar que son tus familiares, y que pecan por ignorancia y contra su voluntad, y que, dentro de poco, ambos estaréis muertos y que, ante todo, no te dañó, puesto que no hizo a tu guía interior peor de lo que era antes» (*Meditaciones* 7,22), donde se hace difícil no ver ciertas reminiscencias cristianas, pero nada más lejos de la realidad. Marco Aurelio, como otros estoicos, practican una caridad gratuita y desinteresada sin la esperanza de una vida ultraterrena a cambio, ni la intercesión de la divinidad.

La producción filosófica del emperador filósofo, escrita en griego, llevaba por título Εἰς ἑαυτόν [*Eis heautón*], es decir, *Para sí mismo*, que tradicionalmente se ha traducido en castellano como *Meditaciones*. Como hemos dicho, se encuentra dentro de la escuela estoica, pero no duda en tomar elementos de otras corrientes, convirtiéndose casi en un filósofo ecléctico. Como sucedía con otros filósofos estoicos, Séneca o Epicteto, y era propio de la mentalidad romana, la filosofía reduce su espacio a cuestiones morales con ciertos tintes religiosos.

Algunos de los temas fundamentales para Marco Aurelio fueron la caducidad de las cosas, el inexorable pasar del tiempo y la insignificancia e inutilidad sustancial de todos los bienes materiales: «¡Cómo en un instante desaparece todo: en el mundo, los cuerpos mismos, y en el tiempo, su memoria!» (*Meditaciones* 2,12); «Pero ¿qué es, en suma, el recuerdo sempiterno? Vacío total» (*Meditaciones* 4,33). La melancolía y la resignación impregnan toda la obra; muy significativo es este fragmento en el que se pregunta por la recurrencia de la maldad:

> ¿Qué es la maldad? Es lo que has visto muchas veces. Y a propósito de todo lo que acontece, ten presente que eso es lo que has visto muchas veces. En suma, de arriba abajo, encontrarás las mismas cosas de las que están llenas las historias, las antiguas, las medias y las contempo-

ráneas, de las cuales están llenas ahora las ciudades y las casas. Nada nuevo; todo es habitual y efímero (Marco Aurelio, *Meditaciones* 7,1).

Se hace difícil no ver reminiscencias del texto bíblico: «Lo que fue es lo mismo que será; lo que se ha hecho es lo mismo que se hará: no hay nada nuevo bajo el sol» (Eclesiastés 1,9). Desde luego la situación histórica en la que se encontraba el Imperio contribuía en gran medida a esa sensación, el mundo antiguo poco a poco se estaba desmoronando, ya nada parece tener valor y solo la filosofía estoica puede rescatarle de tal desastre; será, precisamente, el cumplimiento del deber moral lo que dé sentido a su existencia.

Sin embargo, la novedad principal de la filosofía de Marco Aurelio está en su concepción del alma; mientras que la doctrina estoica anterior la consideraba un ente material y, por tanto, en el fondo, ella misma sería cuerpo, Marco Aurelio defiende la existencia de tres principios constitutivos del ser humano: cuerpo (σῶμα [*sôma*]), alma (ψυχή [*psyché*]) y mente (νοῦς [*noûs*]). En otros pasajes utiliza el término πνευμάτιον [*pneumátion*] en vez de ψυχή [*psyché*], de modo que hay que interpretar aquí que se trata de un "espíritu vital" común a hombres y animales. Además, frente al estoicismo tradicional, que consideraba al alma como principio hegemónico, Marco Aurelio sitúa en esta posición a la mente: «Cuerpo, alma, inteligencia; propias del cuerpo, las sensaciones; del alma, los instintos; de la inteligencia, los principios» (*Meditaciones* 3,16).

6. Neopitagorismo en Roma: Publio Nigidio Fígulo

Menciona Cicerón en el *Timeo* la figura de Publio Nigidio Fígulo (*ca.* 98-45 a.C.), con el que asegura haber debatido de muchos aspectos, en especial, contra los *physici* o estudiosos de la naturaleza:

> Este varón, además de estar adornado con todas las demás artes, o al menos con aquellas que son dignas de un hombre libre, fue un agudo observador y un amante de los fenómenos que la naturaleza parece encubrir (Cicerón, *Timeo* 1).

También lo mencionan Apuleyo y san Agustín y, gracias, entre otros, a Séneca y a Aulo Gelio, hemos podido conocer algunos de los títulos de sus obras, así como el contenido, porque todas ellas se han perdido. A medio camino entre la astronomía y la filosofía pitagórica parece que se encontraban obras como *Los sueños* (*De somnis*) o *Los dioses* (*De diis*), pues no en vano su nombre se asocia con el renacer que la filosofía pitagórica experimentó en el siglo I a.C. gracias a la aparición de diversos escritos que se habían atribuido falsamente a Pitágoras, de los que nos han llegado algunos fragmentos; es el mismo Cicerón quien le atribuye este mérito:

> Después de aquellos nobles pitagóricos, cuya escuela se extinguió en cierta medida después de haber estado en vigor durante varios siglos en Itaia y en Sicilia, fue él quien surgió con el fin de renovarla (Cicerón, *Timeo* 1,2).

El pitagorismo en Roma había sobrevivido en sus aspectos religiosos y éticos dentro de la sociedad y cultura romanas, aunque no como escuela filosófica concreta. Cicerón, en el *Sueño*, como hemos mencionado, integra multitud de elementos de la teoría pitagórica sobre las almas y la vida del más allá. A Nigidio Fígulo se le atribuye el mérito de reconstruir el pitagorismo como escuela filosófica en Roma junto con otros como Publio Vatinio o Apio Claudio, aunque sus resultados, por lo que sabemos, no fueron especialmente destacables. De hecho, Vatinio es mucho más conocido por las acusaciones que Cicerón lanzó contra él en su *Discurso contra el testigo P. Vatinio* (*In P. Vatinium testem*). Más numerosos fueron los neopitagóricos que escribieron en griego, como Moderato de Gades, Nicómaco de Gerasa o Numenio de Apamea, cuyas doctrinas fueron las más comunes de este movimiento: sincretismo griego-oriental, conciliación entre Pitágoras y Platón, la creencia pitagórica de divinidades intermedias entre Dios y el mundo, y la contraposición entre cuerpo y alma como oposición entre el bien y el mal. Por su parte, el aspecto religioso estuvo representado por Apolonio de Tiana (siglo I d.C.), figura que traspasó los límites de la filosofía y a la que se atribuyeron poderes mágicos y acciones milagrosas (poder sobre los espectros, visiones del pasado y del futuro, curaciones y hasta una resurrección), según asegura Filóstrato en la biografía que escribió dos siglos más tarde.

Un aspecto esencial de los neopitagóricos fue la recuperación del aspecto simbólico de los números. Los números expresan principios más profundos que no pueden ser representados por sí mismos, mientras que su expresión por medio de números puede ayudar a su entendimiento. Asimismo, los conceptos originales de Mónade y Díade se revisan también, asimilando la Mónade a todo lo que existe de positivo (de hecho, se la llama también Inteligencia o Dios) mientras que a la Díade corresponde lo negativo o el mal: Moderato las había definido, según cuenta Porfirio en la *Vida de Pitágoras* (48), como «principio de unidad, de identidad y de igualdad» por una parte y, por otra, «principio de alteridad, desigualdad y de todo lo que es divisible», como corresponde a la naturaleza del número dos.

7. Continuadores de la Academia de Platón

7.1. PLATONISMO MEDIO EN ROMA: LUCIO APULEYO

Plutarco de Queronea (46-120 d.C.) fue el principal representante griego del platonismo medio, es decir, el conjunto de seguidores de la escuela de Platón durante el primer siglo después de Cristo, caracterizado, igual que los neopitagóricos, por una amalgama o mezcla de teorías precedentes. En la inmensa obra de Plutarco se pueden encontrar comentarios a la doctrina del maestro Platón, así como numerosas polémicas con los estoicos y los epicúreos, pero su principal mérito fue la difusión de la filosofía griega en general por todo el Imperio, más allá de un argumentario propio con el que no llegó a superar a sus maestros. Otros autores pertenecientes a esta escuela que escribieron en griego fueron Teón de Esmirna (ca. 70-135 d.C.) y Máximo de Tiro, del que se conservan 41 disertaciones filosóficas, mientras que en latín despuntó Lucio Apuleyo, natural de Madaura (África, *ca.* 114-170 d.C.), que ha pasado más a la historia de la literatura que a la de la filosofía por su novela *Metamorfosis* (*Metamorphoses*), más conocida como *El asno de oro* (*Asinus aureus*). Por su parte, en el ámbito filosófico nos dejó tres obras, *El demonio de Sócrates* (*De deo Socratis*), emparentado con *De genio Socratis* de Plutarco, escrito solo unos pocos años antes, *El universo* (*De mundo*), que es una traducción libre de la obra griega falsamente atribuida a Aristóteles, titulada *Tratado sobre el universo* (Περὶ κόσμου [*Perí cósmou*]), y *Platón y su doctrina* (*De Platone et eius dogmate*), su obra filosófica más amplia y sistemática, dividida en dos libros, el primero sobre ontología y el segundo sobre ética, aunque realmente es una síntesis del pensamiento de Platón.

Nacido en el seno de una buena familia, su padre le pudo dar una educación privilegiada que le permitió viajar por diferentes lugares, entre ellos Atenas y Oriente, donde mantuvo contacto con filósofos como Lucio Calveno Tauro y, muy posiblemente, con los integrantes del círculo de Gayo, quizás la escuela filosófica más importante del siglo II d.C. en Oriente.

De naturaleza esencialmente ecléctica, el platonismo medio despreció la máxima «vive según la naturaleza», propia de los estoicos y de otras escuelas helenísticas, para dar paso a «vive según Dios», muestra del lento confluir de la filosofía con la religión, que encontrará su punto culminante con la filosofía cristiana posterior, pasando antes por el neoplatonismo de Plotino. La felicidad, pues, no está en el placer, al modo epicúreo, ni tan siquiera en los bienes humanos, sino en los divinos. Apuleyo (*Platón y su doctrina* 2,1,219) divide los bienes en dos grupos, divinos y humanos. A su vez, cada uno de ellos se subdivide en dos especies: Dios y las virtudes del alma (sabiduría [*prudentia*], justicia [*iustitia*], pudor [*pudicitia*], coraje [*fortitudo*]) frente a las buenas cualidades del cuerpo y la posesión de riquezas y poder. Según Apuleyo, los segundos solo pueden llegar a ser bienes «para los sabios y para aquellos que viven según la razón y la mesura, pero pueden ser males para los tontos y para los que ignoran su uso» (2,1,221).

Por otra parte, frente a la *apatía* de los estoicos se propone la *metriopatía* (μετριοπάθεια [*metriopátheia*]), es decir, el sometimiento medido a las exigencias de las pasiones humanas, como afirmaba Plutarco (*Vida de Agesilao* 36,2): «Las acciones moralmente buenas se diferencian de las malas por su justa medida». Según la doctrina del platonismo medio la apatía es inalcanzable, no es posible armonizarla con el alma humana que, por naturaleza, siente inclinación hacia las pasiones. Estas, por tanto, deben ser comedidas, pero no pueden ser extirpadas.

En el ámbito religioso, vuelven a cobrar especial importancia los demonios o *démones*, del griego δαίμων [*dáimon*]. Para el platonismo medio todo está sometido a una distinción tripartita (*El demonio de Sócrates* 1[115-116]): un Dios supremo, unos dioses secundarios y, en último lugar, los *démones*. Los secundarios pueden ser a su vez de dos tipos, divinidades incorpóreas y, por ende, invisibles, o divinidades dotadas de cuerpo y visibles, como los astros, pero siempre subordinadas al dios supremo. Los *démones* son inferiores a cualquier tipo de dios, pero superiores a los hombres: están dotados, por tanto, de una naturaleza intermedia. La traducción de δαίμων [*dáimon*] es compleja tanto en latín como en castellano, pues ambas lenguas carecen de palabra propia para explicar el concepto; además, Apuleyo en el título original emplea *deus* en su lugar, porque, como explica san Agustín (cf. *La ciudad de Dios* 8,14,2), ya en el siglo II la figura de los *démones* se asociaba con seres de conducta moral degenerada. La traducción por *demonio* en castellano implica connotaciones religiosas que no tiene el griego, pero esperamos que el término se pueda entender en su contexto filosófico. Pues bien, según se explica en *El demonio de Sócrates* (14[150]) la clasificación de estos démones constituye otra tríada, como tantos otros aspectos en la filosofía medioplatónica, dependiendo de si su naturaleza está total o parcialmente libre de contacto con un cuerpo o bien se han encarnado en uno. La definición de los *démones* nos la ofrece el propio Apuleyo:

> Seres vivos de especie animada, dotados de una naturaleza racional, de un alma sometida a las pasiones, de un cuerpo etéreo, de vida eterna. De estas cinco características que he mencionado, las tres primeras las comparten con nosotros, la cuarta es exclusivamente suya y la última la comparten con los dioses inmortales, de los que se diferencia porque están sometidos a las pasiones (Apuleyo, *El demonio de Sócrates* 13[148]).

Este especial interés por los *démones* obedece a la necesidad de una mediación que acorte distancias entre el plano físico, el humano, y el metafísico o de los dioses.

7.2. LA FILOSOFÍA GRECO-JUDAICA

Del mismo modo que la filosofía griega se encontró con las culturas orientales y, como hemos visto, se fue fusionando con ellas, también tuvo su particular encuentro con la religión judía. El principal representante de este sincretismo fue Filón (*ca.* 20 a.C.-45 d.C.), natural de Alejandría, el auténtico centro cultural del momento y principal sede de la comunidad judeohelénica, donde se había llevado a cabo la monumental traducción de la Torá hebrea al griego con el nombre de Biblia de los Setenta, por haber sido este el número (mítico) de traductores que trabajaron en ella. Filón, de religión judía, interpretó las Sagradas Escrituras desde la óptica de la filosofía griega. Su influencia posterior fue inmensa en el occidente cristiano, no así en el mundo judío por haberse servido de la versión griega de la Biblia y no de los textos hebreos originales.

La interpretación de Filón recuperó de nuevo principios básicos de la teoría de Platón, como el concepto de lo incorpóreo, pero introdujo algunas modificaciones. Su doctrina se apuntaló sobre tres principios básicos: Dios está absolutamente por encima de todas las cosas, *Logos* como intermediario entre Dios y los hombres y la unión última del hombre con Dios. El *Logos* se identifica con la actividad intelectual de Dios, pero no es el mismo Dios, sino que lo define como "el hijo primogénito" o "Dios segundo"; este *Logos* es también la potencia de Dios que, queriendo crear el mundo sensible, creó primero un mundo inteligible, una especie de modelo incorpóreo del mundo corpóreo. Filón lo explica recurriendo a la comparación con un arquitecto que quiere diseñar una nueva ciudad: su modelo no está en el exterior, sino que «está impreso en su alma», tal y como afirma en su *Sobre la creación del mundo* (*De opificio mundo*, 19). Por otra parte, la unión con Dios se logra a través de un determinado itinerario, pero, en resumen, lo que el ser humano necesita es una vuelta a su propio interior: debe abandonar la contemplación del mundo exterior para conocerse a sí mismo. Y luego, una vez que lo haya logrado, deberá reconocer que no es nada: «El momento adecuado para que la criatura encuentre a su Creador se produce cuando esta ha reconocido que no es nada» (*El heredero de las cosas divinas* [*Quis rerum divinarum heres sit*] 111). El hombre, pues, no se pertenece a sí mismo, sino a Dios.

7.3. NEOPLATONISMO EN ROMA

Poco, por no decir nada, tiene en común el neoplatonismo con las doctrinas originales de Platón. Ni siquiera el nombre, pues neoplatonismo es una denominación moderna. Ellos mismos se hacían llamar sencillamente platónicos, como nos recuerda san Agustín: «No quisieron llamarse peripatéticos o académicos, sino platónicos» (*La ciudad de Dios* 8,12). Es más, consideraban que durante siglos la filosofía de su maestro Platón había sido malinterpretada y, en consecuencia, se habían propuesto la recuperación de la doctrina original. Pero nada más lejos de la realidad. Su objetivo fue crear un sistema filosófico, es decir, someter el diálogo platónico, que es lo más opuesto a un sistema tal y como interpretamos este término, a una estructura rígida sin tener en cuenta que para Platón el diálogo era una forma viva de filosofía y no un sistema estructurado. Además, como en casi todos los sistemas filosóficos que hemos visto, se produjo una fusión de elementos, en este caso pitagóricos, aristotélicos y estoicos sin excluir las interferencias con el pensamiento oriental y con las creencias judeocristianas que habían empezado a difundirse ampliamente ya por el Imperio. Este último hecho no debe sorprendernos vista la orientación religiosa que había emprendido tiempo atrás la filosofía helenística.

Varios son los nombres que despuntan en el neoplatonismo: Amonio Saca (*ca*. 175-242 d.C.), muy posiblemente el fundador, y sus discípulos Plotino (205-270 d.C.), Orígenes (siglo III d.C., a veces llamado el Pagano para diferenciarlo del autor cristiano) y Casio Longino (213-273 d.C.), a quien durante mucho tiempo se atribuyó la obra titulada *Sobre lo sublime*. De la doctrina del fundador poco o nada se sabe, como tampoco de su vida. Cuenta Porfirio (*Vida de Plotino* 3,4), discípulo de Plotino, que los discípulos de Amonio hicieron un pacto entre ellos para no divulgar las teorías de su maestro por escrito, lo que demostraría su deseo de una transmisión reservada y muy reducida. Por el contrario, a partir de los innumerables datos que Porfirio nos ha transmitido sobre Plotino, sabemos que escribió 54 obras que el discípulo enmendó y corrigió por encargo del maestro en grupos de 9 formando así las Ἐννέαδες en el original griego, *Enéadas* en español (del griego ἐννέα [*ennéa*], nueve), aunque el título es posterior a Porfirio.

7.3.1. Plotino

Plotino (*ca.* 203-270) no era romano de nacimiento, sino egipcio, aunque emigró a la Urbe y organizó allí algo parecido a un círculo o escuela filosófica al que acudían senadores romanos e, incluso, el mismísimo emperador Galieno y su mujer Salónica estuvieron entre sus admiradores. Cuenta Porfirio (*Vida de Plotino* 9) que fue muy notable también la asistencia de mujeres a las reuniones filosóficas.

La escuela filosófica de Plotino tenía unos fines bien distintos a todas las anteriores, desde la propia Academia de Platón hasta el Jardín de Epicuro: su pretensión era enseñar a los hombres a "disolverse" de la vida de aquí abajo para reunirse con la divinidad y poder contemplarla hasta alcanzar la culminación de una unión permanente. Estamos, pues, ante la unificación de la filosofía con la religión, hecho que ya se venía fraguando desde tiempo atrás: «Para Plotino, el fin y el propósito consistían en acercarse y unirse a Dios» (*Vida de Plotino* 23). La filosofía se ha desplazado desde este mundo hasta el cielo dando así comienzo a una búsqueda de la trascendencia. Esa finalidad de unión con Dios parece, a priori, coincidir con la doctrina cristiana y, de hecho, eran muchos los cristianos que acudían a la escuela de Plotino. Es más, el propio san Agustín cuenta en sus *Confesiones* que el contacto con los neoplatónicos le ayudó en su camino de conversión, pero a la doctrina de Plotino le faltaba el misterio de la encarnación por el cual Dios, sin dejar de ser Dios, se convierte en carne mortal en la persona de Jesucristo:

> Asimismo leí que la palabra, que es Dios, no ha nacido de la carne ni de la sangre, ni de la voluntad de la carne, sino de Dios, pero no leí que *la Palabra se hizo carne y acampó entre nosotros* (Juan 1,9) (san Agustín, *Confesiones* 7,9,13-14).

A la doctrina de Plotino le faltaba también el concepto de gracia por el que Dios perdona y acoge a los hombres: para el neoplatonismo el hombre debe alcanzar la unión con Dios, sí, pero solo con la fuerza del *logos*, no por una gracia sobrenatural.

En la doctrina de Plotino podemos encontrar tres conceptos básicos: *Uno, intelecto, alma*. Plotino afirma que Dios está por encima de la noción del ser, la trasciende, de modo que Dios, que es la causa de todo ser viviente, está por encima de ellos, sería como algo que el hombre no puede ni siquiera explicar, ni muchos menos alcanzar:

> El Uno no busca nada ni para ser, ni para estar en buen estado ni para sostenerse. Siendo causa para los demás, no recibe su ser de los demás (Plotino, *Enéadas* 6,9,6).

Ahora bien, no debemos pensar que Plotino sea monoteísta, porque para él existe la multiplicidad de dioses, que es producto de la infinita potencia divina.

Otro concepto fundamental es el de *emanación*. Para Plotino la creación no es un acto de la voluntad divina, hecho que implicaría un cambio en una realidad que es perfecta e inmutable, sino que sería un proceso de emanación, algo parecido a lo que sucede con el perfume, que emana aroma a su alrededor, pero no cambia con ello su composición ni sus propiedades. Plotino interpreta esa emanación como lo que el Uno piensa de sí mismo, lo que daría origen al intelecto (*nous*), que es su propia imagen y, este a su vez, pensando sobre sí mismo, daría origen al Alma, que es la imagen del Intelecto. Aunque en el proceso el Uno no cambia, sí se produce, por el contrario, un proceso de degradación, de modo que lo que emana del Uno se encamina siempre a la imperfección y a la multiplicidad frente a la unidad original.

Dios uno, intelecto y alma constituyen el mundo inteligible, pero para Plotino también existe el mundo de lo sensible, la materia (ὕλη [*hýle*]), de la que están formados los cuerpos, aunque ella misma no es cuerpo, sino que es la negatividad en términos absolutos, es la privación del bien. De ella derivan la imperfección, la multiplicidad y la maldad. No obstante, para el neoplatonismo de Plotino, todo lo que existe en el mundo sensible está dotado también de alma, por lo que nos encontramos ante una espiritualización del mundo: todo el universo es, entonces, una manifestación de lo divino. En consecuencia, las almas de cada uno proceden del Alma, que ha penetrado la materia dándole vida, aunque ella misma permanece única e indivisible.

Decíamos antes que tanto en la teleología (de τέλος [*télos*], fin) de Plotino como en la del cristianismo se propone el retorno a Dios, la unión última con él. El neoplatonismo encuentra el punto de partida en la teoría platónica de la fuga del mundo, que no significa abandonarlo físicamente, sino vivir según la justicia y la razón. Plotino explica que el retorno a Dios solo se puede producir mediante un retorno a la interioridad del hombre, un retorno a sí mismo, como de hecho dijo el propio san Agustín, a pesar de no haber encontrado lo que buscaba en el neoplatonismo: «La lectura de aquellos libros hizo que volviera a mí mismo» (*Confesiones* 10,16).

Ese retorno a Dios forma parte de un itinerario establecido. Primero ha de producirse la liberación de la dependencia con la exterioridad corpórea, luego la purificación mediante las virtudes, como la inteligencia y la sabiduría que nos liberan de los sentidos corporales; la templanza, que libera de las pasiones; el coraje, que hace que no temamos liberarnos del cuerpo; y la justicia, que contribuye a que solo dominen en el cuerpo la razón y la inteligencia. Además, también la música, el amor y la filosofía contribuirán a ese retorno a Dios:

> Propender hacia él es ser en mayor grado, y ahí está nuestro bienestar; alejarse de él es ser meramente y ser en menor grado. En él es donde el alma descansa y se libra de males acogiéndose a la región limpia de todo mal; ahí piensa, ahí se hace impasible. Vivir allá, es vivir de veras; porque la vida presente, la vida sin Dios, es un rastro de vida y un remedo de aquella, mientras que la vida de allá es actividad, pero actividad de la inteligencia (Plotino, *Enéadas* 6,9,9).

Ahora bien, por más que sea evidente la intensa religiosidad de su doctrina y el pasaje anterior pueda ser fácilmente reinterpretado en clave cristiana, hemos de fijarnos en la última frase, "actividad de la inteligencia": la esencia racional de las teorías de Plotino rechaza la mediación de un salvador enviado por la divinidad solo conocible por revelación. No se busca la mediación entre lo humano y lo divino, porque la unión con Dios solo se consigue, como hemos visto, con la liberación del alma mediante las virtudes y el propio intelecto.

7.3.2. Macrobio, Marciano Capela y Boecio

Dentro del neoplatonismo, durante los siglos IV y V se desarrolló un movimiento, que los estudiosos no llegan a considerar como una escuela independiente, conocido como los neoplatónicos del occidente latino. En cualquier caso, sus actividades y su pensamiento hacen posible su consideración en cierto modo unitaria. En términos generales, se dedicaron más a la erudición que a la especulación y se trata, sobre todo, de autores de traducciones de obras platónicas y aristotélicas además de comentarios. Se añade que la mayor parte o fueron cristianos desde sus comienzos en la filosofía o se convirtieron más adelante.

Entre los principales podemos destacar a Calcidio, autor de una traducción y comentario del *Timeo* platónico, Mario Victorino, que tradujo algunas obras de lógica de Aristóteles y realizó comentarios al mismo Aristóteles y a Cicerón.

Mucho más importantes fueron, sin embargo, Macrobio Ambrosio Teodosio (*ca.* 385-430), Marciano Capela (ss. IV-V) y Boecio (*ca.* 475-524). El primero, del que no se sabe a ciencia cierta si fue cristiano o no (a juzgar por su *Comentario al Sueño* parece que no) ha pasado a la historia por dos obras, aunque una de ellas no está relacionada con la filosofía; nos referimos a las *Saturnales*, un diálogo de carácter enciclopédico, que recoge en tres jornadas dedicadas al dios Saturno una temática muy variada desde la religión hasta las ciencias naturales pasando por la literatura, convirtiéndose así en un auténtico compendio de cultura pagana. Por otro lado, en el campo de la filosofía nos dejó el monumental *Comentario al Sueño de Escipión* (*Commentarii in Somnium Scipionis*) en dos libros dedicados a su hijo en los que recoge los principios básicos del neoplatonismo, especialmente la idea de la emanación o la procedencia de todo de ese Dios único, al que Plotino llamaba Uno, y del que deriva el Intelecto, porque no modifica con ello su ser, que es inmutable. Sus fuentes principales son, pues, Plotino y Porfirio.

Marciano Capela, cuyo nombre completo era Marciano Mineyo Félix Capela, escribió *Las bodas de Filología y Mercurio* (*De nuptiis Philologiae et Mercurii*), de nuevo otra obra enciclopédica donde se resumen los estudios que habrían de consolidarse durante toda la Edad Media, el *Trivium* (gramática, retórica y dialéctica) y el *Quadrivium* (aritmética, geometría, astronomía y música) que componen las denominadas artes liberales, porque solo podían ser ejercidas, en la antigua Roma, por hombres *liberi*, es decir, libres (cf. Séneca, *Cartas morales a Lucilio* 88,1-2).

El último cronológicamente hablando, pero quizás el más importante, fue Severino Boecio, de nombre completo Anicio Manlio Torquato Severino Boecio, santo cristiano cuyas reliquias se encuentran en la ciudad italiana de Pavía, donde fue encarcelado y posteriormente ajusticiado por el emperador Teodorico bajo la acusación de practicar la magia. Fue durante esos años de cárcel cuando escribió su obra más célebre, *La consolación de la filosofía (De consolatione philosophiae)* y previamente se había dedicado a la traducción y comentario de obras de Aristóteles y de Porfirio.

La importancia de Boecio no está en la novedad de sus ideas filosóficas, sino en que su figura es clave como puente entre dos mundos, el antiguo-pagano y el medieval-cristiano. Con todo, la presencia de la doctrina cristiana en *La consolación* es más que discutible y el lector que quiera buscarla puede quedar defraudado; tanto es así que en el pasado muchos fueron los que se preguntaron si Boecio era cristiano o no en el momento de su composición. Hoy nadie duda de su cristianismo y la aparente ausencia de esta doctrina en su obra principal se justifica en que para él la filosofía racional le ofrecía todas las posibilidades necesarias de consuelo para la durísima situación de encarcelamiento injusto que estaba padeciendo, no había necesidad de buscarla en la Biblia. Boecio pensaba, como los filósofos antiguos, que la filosofía era la ciencia de las cosas humanas y divinas y que, por tanto, le podía ofrecer todas las respuestas sobre el sentido de la existencia humana. Parece, pues, que Boecio supo separar perfectamente la esfera de religiosa de la exclusivamente científica sin entrar en contradicción alguna, quizás su mérito más importante. Ahora bien, profundizando un poco más en la lectura de la obra, se descubre que la concepción de Dios que aparece encaja más con el Dios cristiano y no con la realidad abstracta que la filosofía calificaba como dios o ente supremo.

La obra, que se divide en cinco libros, es un diálogo (en su mayor parte, aunque hay partes que se corresponden con un tratado y otras en verso) entre el propio escritor y la Filosofía, que aparece personificada como una «mujer de rostro absolutamente venerable con unos ojos brillantes y más sagaces que la capacidad normal del ser humano, (…) de una edad tan avanzada que no se podría pensar de ninguna manera que perteneciera a nuestra época y de una estatura indefinida» (*La consolación de la filosofía* 1,1). La mujer-filosofía le muestra que las desgracias que está padeciendo no requieren de conmiseración, sino de completa adhesión a la voluntad de la Providencia.

La doctrina que presenta Boecio en esta obra es, en esencia, la del neoplatonismo, más las referencias originales a Platón y Aristóteles que tan a fondo conocía. Por la parte latina, las fuentes fundamentales fueron Séneca, Cicerón y san Agustín (por no hablar de fuentes más literarias como Virgilio, Horacio y Ovidio). En el primer libro Boecio expone su situación personal, mientras que, en el segundo, con el que forma una cierta unidad, pasa revista a los errores humanos sobre lo que se consideran los bienes auténticos desde el punto de vista estoico tradicional. Luego, en la primera mitad del tercero hace lo mismo, pero desde la óptica platónica. La segunda mitad de este tercer libro y los dos que restan constituyen el núcleo auténtico de doctrina neoplatónica expuesta por la mujer-filosofía. En el libro cuarto esta le convence de que los males que le han tocado no modifican en nada el bien que posee, descrito en el libro tercero, que no es ninguno de los bienes materiales en los que había creído:

La razón nos demuestra que Dios es bueno hasta el punto de convencernos de que en él se encuentra el bien perfecto. Y es que, si no fuera así, no podría ser el origen de todas las cosas; existiría otro mejor que él que poseyera el bien perfecto, que sería anterior a él y más perfecto; pero lo cierto es que las cosas perfectas son anteriores a las imperfectas. Por lo tanto, para que nuestro razonamiento no llegue al infinito, debemos admitir que el supremo Dios está completamente colmado del bien supremo y perfecto; pero como habíamos establecido que el bien perfecto era la felicidad verdadera, entonces es preciso admitir que la felicidad verdadera está en el Dios supremo (Boecio, *La consolación de la filosofía* 3,10,8-10).

La existencia de este supremo bien que es Dios le lleva a preguntarse también por la existencia del mal, a priori incompatible con él, una cuestión que ya había ocupado a muchos otros autores, en especial a san Agustín que, simplificando mucho, había concluido que el mal existe solo porque el hombre, en un acto de libre voluntad, se aparta de Dios. En el libro quinto trata sobre el destino, la providencia y el libre albedrío, llegando a la conclusión de que el hombre es libre y, aunque nuestras acciones puedan ser previstas por Dios, no modifican nuestra libertad de actuación:

Por tanto, la presciencia de Dios no cambia la propia naturaleza y propiedad de las cosas, sino que las contempla frente a él tal cual llegarán a ser en el futuro (Boecio, *La consolación de la filosofía* 5,6,21).

8. Filosofía cristiana

8.1. SAN AGUSTÍN

Agustín de Hipona (354-430) no creó ningún sistema filosófico sistematizado o regularizado ni se adscribió nunca a ninguno de ellos. Su filosofía se halla dispersa entre los cientos de escritos, la mayor parte de tipo teológico, que nos han llegado. Con todo, su inclusión en un libro de filosofía en Roma está más que justificada puesto que su influencia en la tradición posterior solo es comparable a la de otro santo y filósofo, Tomás de Aquino (1225-1274), aunque uno y otro no pueden ser más diferentes, en la medida en que el sistema racionalista de este último remite a la filosofía aristotélica, mientras que el de Hipona está más próximo a Platón.

El centro de todos sus escritos es el hombre, se trata de una filosofía meramente antropológica, como muestra la famosa anécdota de Petrarca cuando relata su ascenso al monte Ventoso en la Provenza francesa (*Familiares* 4,126-27); en cuanto llegó a la cumbre, abrió el pequeño ejemplar de las *Confesiones* que portaba consigo y leyó: «Y van los hombres y se maravillan de lo altas que son las montañas, de los monumentales remolinos del mar, del diámetro del océano y las órbitas de las estrellas, pero ¡se olvidan de sí mismos!» (10,8,15), o, dicho de forma, quizás, más filosófica y racional: «Nada conoce el hombre que le sea más cercano ni que le sea más inmediato a su mente que su identidad consigo mismo» (*La trinidad* [*De trinitate*] 14,5,7), o de forma más teológica: «No vayas fuera: vuelve hacia ti mismo. En el interior del hombre habita la Verdad» (*La auténtica religión* [*De vera religione*] 39,72). Y es que en el interior del hombre hay algo que nos trasciende, y ese algo no es sino Dios.

Es precisamente en las *Confesiones*, su obra más personal y profunda, donde nos cuenta cómo ha ido pasando por diferentes escuelas de pensamiento, desde la lectura del *Hortensio* (*Hortensius*) de Cicerón (que no ha llegado hasta nosotros), pasando por los maniqueos y los neoplatónicos, «el suelo mismo sobre el que nació la doctrina de San Agustín» (Gilson 1976: 118), para llegar a descubrir, frente a todo sistema filosófico anterior, que la verdad es Verdad con mayúscula, porque se trata de una verdad revelada, una a la que la sola razón del hombre no tiene acceso por sí misma. En el libro IX sospecha que su conversión no es el producto final de todo su estudio, sino la culminación de un plan orquestado por Dios: «Pocos días antes de su fallecimiento [de su madre Mónica] —fecha que tú conocías, pero que nos ocultabas a nosotros— pusiste en marcha, creo, tu plan secreto» (9, 10,23).

«La Palabra se hizo carne y acampó entre nosotros» (Juan 1,9) es la piedra angular, como el propio Agustín reconoce, que diferenciará a la doctrina cristiana de concepciones filosóficas próximas en cuanto que pretenden la trascendencia del hombre, conocen algo parecido a la trinidad (recuérdese la tríada de Plotino Dios-Intelecto-Alma), pero no aceptan la mediación de la divinidad a través de un salvador con el que comparte naturaleza. No obstante, a pesar de las diferencias, el encuentro del platonismo (a través del neoplatonismo) con el cristianismo sienta las bases de la filosofía europea posterior y eso se lo debemos a san Agustín.

Las claves de la filosofía agustiniana se basan en la búsqueda de la Verdad (Dios) y de la sabiduría y, por supuesto, en alcanzar la felicidad que consiste en el encuentro con Dios; por otra parte, su método será la duda, pero no entendida al modo escéptico, es decir, como actitud vital adornada, quizás, de cierta melancolía por la imposibilidad manifiesta del hombre de acceder a la verdad. Para san Agustín la duda del conocimiento queda magistralmente expresada en esta máxima, que nos recuerda al «pienso luego existo» (*cogito ergo sum*) de Descartes, pero escrita trece siglos antes: «¿Qué pasa si te equivocas? Si me equivoco, existo. Y es que quien no existe no puede equivocarse y por eso si me equivoco, existo» (*La ciudad de Dios* 11,26). Pero, para san Agustín, la verdad existe y es posible conocerla.

Partiendo de una base platónica, hay dos formas de conocer: una, de carácter intuitivo e inmediato por medio de los sentidos; otra, la más importante, se lleva a cabo mediante la razón que investiga y somete a juicio crítico. La segunda no es independiente de la primera, como argumentaba Platón, sino que se trata de un tránsito de una a otra. En términos poéticos, tenemos la imagen de este tránsito de lo sensible a lo inteligible en las *Confesiones*, cuando dice de una de las últimas conversaciones con su madre:

> Nuestra conversación concluyó con la idea de que, por muy intenso que sea el goce de los sentidos y por mucho que pretendamos sacarlo a la luz, no admite comparación con la vida eterna (...). Elevamos nuestras almas aún con mayor fervor hacia "El que existe" y fuimos pasando revista uno a uno a todos los seres dotados de cuerpo y al mismo cielo, desde donde el sol, la luz y las estrellas alumbran la tierra. Y ascendimos todavía más en nuestro interior, pensando, comentando y admirando tu obra. Llegamos a nuestra alma y fuimos más allá hasta tocar la región de la abundancia infinita (...): allí la

sabiduría es vida y por medio de ella se ha hecho todo (San Agustín, *Confesiones* 9, 10,24).

Uno de los temas clave de la filosofía agustiniana es la existencia del mal: «Me fascinaba el mal en sí mismo» llega a decir en las *Confesiones* (2,7,15). No es exagerado afirmar que le angustiaba no solo su existencia, sino el no poder explicarla. Memorables son las páginas de las *Confesiones* donde ofrece todo tipo de detalles sobre el robo de unas peras y el tormento posterior que esta maldad gratuita le supuso:

> Quise cometer un robo y, en efecto, lo hice. No me obligó la necesidad, sino la ausencia de justicia, el desprecio por ella y el aumento de mi maldad. Y es que tenía mucho más de lo que robé. No quería disfrutar de aquello que me apetecía robar, sino del propio robo y del pecado (San Agustín, *Confesiones* 2,4,9).

Ahora bien, si todo lo que existe es creación de Dios y, como dice la Escritura (Génesis 1,31), es bueno, ¿cómo explicar la presencia más que evidente del mal en el mundo? ¿Lo había creado Dios? ¿Era una fuerza que luchaba contra Dios, como afirmaba el dualismo de la secta maniquea? Todo lo creado es bueno porque es obra de Dios, pero si el mal es lo contrario al bien, se deduce que no es una creación, no es una sustancia, en consecuencia, no existe: estrictamente hablando el mal no es nada, es la privación absoluta del bien. Sin embargo, esta definición, exitosa en cuanto que libera a Dios de la responsabilidad del mal, porque no lo ha creado en tanto que no existe (y todo lo que existe es creación suya), ¿cómo se aplica al campo de la moral? Es cierto que el robo, el asesinato, el adulterio, en suma, el pecado existe, pero solo se da en las criaturas racionales. San Agustín soluciona el problema recurriendo al libre albedrío del hombre, es decir, a nuestra libertad para elegir. En la medida en que estas acciones dependen de la razón son actos libres sometidos solamente a la voluntad humana, de modo que seremos nosotros los únicos responsables del mal, no Dios, puesto que con estos actos nos apartamos voluntariamente del bien. Sin embargo, la acción redentora de Dios puede liberarnos con su gracia de la inclinación natural del hombre al pecado; solo gracias a su intervención logramos la trascendencia en el encuentro con Dios.

La angustia por el mal, entre otros muchísimos temas, está presente también en su otra gran obra, *La ciudad de Dios* (*De civitate Dei*), un tratado teológico-filosófico formado por 22 libros: en los diez primeros defiende el cristianismo de los ataques de las doctrinas paganas, mientras que en los restantes trata sobre la salvación del hombre. Para san Agustín la vida de cada persona puede darse en dos ciudades diferentes, la ciudad terrena, dominada por el egoísmo, y la celeste, por la entrega a los demás:

> Dos amores, pues, han creado estas dos ciudades: el amor por uno mismo hasta el desprecio de Dios, la terrena; y el amor de Dios hasta el desprecio de uno mismo, la celeste (...). Una está dominada por las ansias de poder de sus príncipes o de las naciones que somete; en la otra se sirven mutuamente en amor fraterno: los superiores mandan y los súbditos obedecen (San Agustín, *La ciudad de Dios* 14,28).

Es imposible recoger aquí la extensísima temática de esta gran obra, pero sí queremos señalar que, en la revisión que hace en el libro VIII de la filosofía pagana, reivindica a los (neo)platónicos por encima de todas las demás doctrinas:

Afirmaron la existencia del Dios verdadero, que ha creado el mundo, que ilumina la verdad y que concede la felicidad; deben apartarse también ante estos sabios tan importantes conocedores de un Dios tan grande los otros filósofos que, sometiendo su espíritu al cuerpo, consideraron las cosas corporales como principio de la naturaleza; por ejemplo, Tales, que pensó que era el agua, Anaxímenes el aire, los estoicos el fuego, Epicuro los átomos, es decir, esas diminutas partículas que no pueden dividirse ni percibirse (San Agustín, *La ciudad de Dios* 8,5).

La consecución de la felicidad también es importante para san Agustín, como lo había sido para las escuelas precedentes. En el diálogo *La felicidad* (*De vita beata* 10), que comparte título con el de Séneca, se pregunta si todos queremos ser felices, a lo que recibe una respuesta afirmativa, pero inmediatamente después se cuestiona si obtener aquello que deseamos nos hace felices. La contestación, sin duda, es afirmativa, aunque se trata de un primer paso necesario, mas no suficiente. Para ser felices de verdad debemos procurarnos algo absolutamente fijo e inmutable que no esté sometido a los vaivenes de la fortuna y eso solo nos lo ofrece Dios. La felicidad, entonces, solo la alcanza quien busca y encuentra a Dios. La pobreza y la indigencia son lo opuesto a la felicidad, pero, con todo, son mejores que la ignorancia: «No hay mayor ni más desdichada indigencia que la falta de sabiduría» (*La felicidad* 27). Y si quien posee la sabiduría lo tiene todo, se entiende entonces que la sabiduría coincide con la felicidad. Y para Agustín, la única sabiduría digna de ese nombre es la de Dios (*La felicidad* 34). Y si Dios es la Verdad, encarnada en su hijo, como dice la Escritura: «Yo soy el camino, la verdad y la vida» (Juan 14,6), el santo de Hipona llega a la conclusión de que la felicidad es el encuentro con Dios, es decir, el conocimiento de la Verdad.

LAS *CONFESIONES* DE SAN AGUSTÍN

Las *Confesiones* de san Agustín (publicadas como muy tarde en el 401, es decir, cuando contaba 47 años) no son una autobiografía, ni tan siquiera unas memorias. Tampoco es la *confesión* sin más de sus faltas y pecados. Parece, quizás, fácil decir lo que no son, la dificultad reside en describir qué son en verdad, pero lo cierto es que el lector que busque todos los detalles de la vida del santo quedará defraudado; poco o nada cuenta de las «espinas de la lujuria» (2,3,6) que le punzaban de joven, ni siquiera nos dice el nombre de la mujer con la que convivía y de la que tuvo a su hijo, Adeodato, pero, por el contrario, le dedica un libro entero, el segundo, al inocente robo, en apariencia, de unas peras. Su objetivo no es la enumeración de sus pecados, sino que las *Confesiones* son, por una parte, un ejercicio sublime de introspección, una obra donde el "yo" del autor es el absoluto protagonista como no se había conocido antes, y, por otra, una acción de gracias a Dios, con el que dialoga a lo largo de toda la obra, porque finalmente lo ha encontrado: «¿Dónde estaba yo cuando te buscaba? Estabas delante de mí, pero yo me había alejado hasta de mí mismo y, si no me encontraba a mí, ¡mucho menos te iba a encontrar a ti!» (5,3,3). La presencia del yo es tan abrumadora que cada lector se identifica con él nada más pasar las primeras páginas. Habrá que esperar casi mil años más hasta encontrar otro yo tan desbordante, desmedido y abrumador como lo será Petrarca, y de nuevo unos cuantos siglos más hasta llegar al yo de Descartes. Pero, al mismo tiempo, san Agustín escribe pensando en que su experiencia vital podrá ayudar a otros en su misma situación: «Señor, te hago esta confesión para que me escuchen los hombres. (...) No deben adormecerse por falta de esperanza y decir que no pueden, sino que han de despertar en el amor de tu misericordia y en la dulzura de tu gracia, que convierte al débil en poderoso, haciéndole consciente de su debilidad» (10,3,4).

Formalmente se dividen en 13 libros que los estudiosos separan en dos partes (cosa que nunca se hizo en la Antigüedad, que jamás se cuestionó la unidad de la obra): la primera, los libros 1 a 9, en los que cuenta el pasado, desde su infancia hasta su conversión en la casa de Milán y el posterior fallecimiento de su madre; la segunda, del 10 al 13, en los que escribe desde su presente, ya como obispo. Conocer las *Confesiones*, por tanto, es conocer el itinerario vital del autor que posiblemente más haya influido en la teología cristiana:

- Libro I (años 354-369): infancia y adolescencia hasta los quince años. Confiesa su odio por la lengua griega, pero su amor por la literatura latina, en especial por la *Eneida*.

- Libro II (370): reconocimiento de ciertos excesos sexuales de juventud y narración con todo detalle del robo de las peras con 16 años.

- Libro III (370-374): años de estudio en Cartago y adhesión a la secta de los maniqueos. Habla, de nuevo, de las tentaciones carnales y de su afición por los espectáculos del circo. Primeros contactos con la filosofía con la lectura del *Hortensio* de Cicerón que, precisamente, era una exhortación a la filosofía. Comienza a leer también la Sagrada Escritura, pero esta le defrauda cuando la compara con el estilo de Cicerón.

- Libro IV (374-383): los nueve años que estuvo como profesor de retórica en Tagaste (su ciudad natal) y en Cartago, la ciudad más importante del norte de África en su época. Sigue contando detalles sobre su paso por la secta de los maniqueos a los que termina calificando de «charlatanería todopoderosa» (4,2,2). Narra la muerte de un amigo muy querido: no entiende el sentido de la vida ni de la muerte y se siente perdido y solo.

- Libro V (383-384): continúa con los maniqueos (estuvo en total con ellos desde los 19 hasta los 28 años). Viaje desde Cartago hasta Roma pensando que encontraría mejores alumnos, pero la situación en la capital era la misma; le llega el ofrecimiento de una cátedra en Milán, donde tiene la oportunidad de conocer a su obispo, el futuro san Ambrosio. Este encuentro se revela providencial: abandona la secta de los maniqueos y se hace catecúmeno de la Iglesia católica en el 384.

- Libro VI (385): primeros pasos en la fe cuando cuenta ya con 30 años. Su madre Mónica se traslada a Milán con él. Famosa narración de la asistencia a los espectáculos de su buen amigo Alipio. Las tentaciones carnales no cesan: Mónica le obliga a abandonar a la mujer con la que convivía sin casarse, la madre de su hijo Adeodato, y lo promete con una joven más adecuada. Reconoce que la vanidad del prestigio social es para él más fuerte aún que las tentaciones carnales.

- Libro VII (386): problema del mal y descubrimiento de los neoplatónicos. La creencia de los maniqueos de que el mal era de naturaleza material le impedía avanzar. Gracias a los neoplatónicos descubre la existencia de una realidad espiritual suprasensible; le ofrecen la posibilidad de pensar en Dios como un ser real, pero no material. Descubre que el mal no es una realidad material, sino «una perversión de la voluntad» (7,16,22).

- Libro VIII (386): conversión definitiva al cristianismo (aunque su madre le había educado siempre en estos valores y él siempre había sido creyente, pero nunca había practicado la religión). La escena, ocurrida en el jardín de su residencia de Milán, es, con diferencia, la más impactante de toda la obra.

- Libro IX (387): abandona la cátedra de retórica de Milán y regresa con su madre a África, pero Mónica muere, a los 56 años, en la ciudad costera de Ostia, junto a Roma. San Agustín se deshace en elogios hacia ella, en otro de los episodios más conmovedores de la obra.

- Libro X (387-400): el pasado cede el puesto al presente y la narración deja paso a la reflexión sobre la memoria y la búsqueda de Dios.

- Libro XI: estos libros finales representan la culminación de la obra, ahora es obispo y debe ejercer como comentarista de la Biblia. Algunos han querido ver en ellos un ataque a las doctrinas de los maniqueos. En este libro en concreto reflexiona sobre el tiempo a propósito de las primeras palabras del Génesis: «En el principio».

- Libros XII y XIII: explicación alegórica de los primeros capítulos del Génesis que tratan sobre la creación del mundo por Dios.

9. Conclusión

El propio título de este libro es elocuente y significativo por sí mismo. Hablamos de la filosofía en la antigua Roma, no de la filosofía romana. Y es que no es lo mismo hablar de la transposición a Roma (aunque se produzca, desde una postura de eclecticismo, una *imitatio cum variatione*) de las corrientes filosóficas desarrolladas en Grecia, que hablar de la filosofía desarrollada en Roma (que no existe como tal en lo relativo a corrientes propias). En un manual al uso de Historia de la Filosofía, ¿cuántas páginas se dedican a la filosofía griega? ¿Cuántas a la filosofía romana, o, incluso, en Roma? La diferencia no necesita comentario. Pues bien, en este volumen, antes de pasar a los textos de Cicerón, Séneca y san Agustín, como destacados representantes, que no únicos, del desarrollo de la prosa filosófica en latín, se realiza un recorrido por las principales escuelas filosóficas y su repercusión en Roma que atraviesa los idearios del escepticismo, el epicureísmo, el estoicismo, el neopitagorismo o los continuadores de la Academia de Platón hasta llegar a la filosofía cristiana.

La llegada de la filosofía a Roma no fue sencilla. Muchos filósofos griegos fueron expulsados de Roma en el siglo II a.C. e, incluso, en pleno siglo I d.C., cuando la fusión entre la cultura griega y la romana era un hecho, volvieron a ser expulsados, aunque no todos en Roma eran igual de beligerantes con el pensamiento griego, pues este encontró un firme apoyo en el Círculo de los Escipiones, caracterizado por su filohelenismo. En un Imperio en continua expansión acabó resultando necesario plantearse la cuestión de los fundamentos éticos del Estado. Es cierto que el pueblo romano era pragmático por definición, poco dado a la abstracción filosófica, pero se vio empujado a fijarse en la filosofía griega, sin preocuparse en exceso por las distinciones de escuelas o corrientes ni por el hecho de construir un sistema de pensamiento coherente, que en realidad no necesitaban. Preferían tomar de acá y allá lo que les resultaba útil. Parece evidente que lo más interesante para sus propósitos eran la ética y la política, necesarias para el desarrollo del Estado, pero no por ello descartaron por completo el resto del pensamiento griego. La aproximación no se hizo siempre de forma directa, sino bien a través de las corrientes del helenismo, bien a través de las escuelas derivadas de Platón y Aristóteles, bien a través de las relaciones con la Magna Grecia, Pérgamo o Rodas, circunstancia esta última que les puso en contacto directo con el estoicismo. Si hubiera que destacar por encima de todas una lección que dejó huella en los romanos, habría que referirse a Sócrates, que les mostró que la filosofía es diálogo.

La filosofía, en todo caso, no era para el romano una disciplina a la que dedicarse en cuerpo y alma, sino que, antes bien, intenta extraer de ella los conceptos que le permiten comprender e interpretar su propia vida y la realidad que le rodea. Roma y su pragmatismo.

10. Comentario bibliográfico

El estudio de cualquier aspecto del mundo antiguo debería comenzar, en nuestra opinión, por la lectura directa de los textos antiguos, es decir, las fuentes primarias. Varias son las grandes colecciones españolas que ofrecen traducciones de los clásicos. Sin duda, la más completa, por el número de autores que recoge, es la Biblioteca Clásica Gredos, pero también es posible encontrar buenas traducciones en la colección «El Libro de Bolsillo» de Alianza Editorial, en «Letras Universales» de la editorial Cátedra y en Akal/Clásica de Ediciones Akal. Últimamente disponemos, además, de las traducciones de la colección «Los Secretos de Diotima», de Guillermo Escolar Editor, pensadas para un público muy amplio sin conocimientos específicos sobre el mundo clásico. En esta se han publicado especialmente obras de los tres autores aquí traducidos: Cicerón, Séneca y san Agustín.

El lector interesado en la trascendencia de la obra de Lucrecio puede acudir al excelente libro de Stephen GREENBLATT, *El giro. De cómo un manuscrito olvidado contribuyó a crear el mundo moderno*. Trad. J. Rabusseda y T. de Lozoya (Crítica, Barcelona 2012), donde se narra con todo detalle cómo el humanista Poggio Bracciolini descubrió en el monasterio suizo de San Gallo el único manuscrito que se había conservado de esta obra y cuáles fueron las repercusiones en la Europa del momento. Por lo que respecta a las traducciones del *De rerum natura* son todas ya bastante antiguas, lo que nos ha llevado a presentar en este volumen unas nuevas. No obstante, el lector tiene a su disposición las siguientes:

García Calvo, Agustín (ed.), *Lucrecio. De la naturaleza de las cosas.* Trad. Abate Marchena, not. Domingo Plácido, Cátedra, Madrid 1990².

García Calvo, Agustín (ed.), *Lucrecio. De rerum natura. De la realidad*, Lucina, Zamora 2019².

Roca Meliá, Ismael (ed.), *T. Lucrecio Caro. La naturaleza*, Ediciones Akal, Madrid 1990.

Socas, Francisco (ed.), *Lucrecio. La naturaleza*, Gredos, Madrid 2003.

Para la bibliografía general sobre la vida y obra de Cicerón remitimos a la que se ofrece en el volumen de esta misma colección *La oratoria en la Antigua Roma* preparado por Jorge Tárrega y Esteban Bérchez. Sobre la producción filosófica en particular aquí tratada recomendamos las siguientes ediciones:

Escobar, Ángel (ed.), *Cicerón. Sobre la adivinación. Sobre el destino. Timeo*, Gredos, Madrid 1999.

Herrero Llorente, Víctor José (ed.), *Cicerón. Del supremo bien y del supremo mal*, Gredos, Madrid 1987.

López Fonseca, Antonio (ed.), *Cicerón. Tusculanas*, Alianza Editorial, Madrid 2010.

López Fonseca, Antonio (trad.), *Cicerón. Sobre la amistad*, Guillermo Escolar Editor, Madrid 2019.

LÓPEZ FONSECA, Antonio (trad.), *Cicerón. Sobre la vejez*, Guillermo Escolar Editor, Madrid 2020.

LÓPEZ FONSECA, Antonio (trad.), *Cicerón. Sobre lo útil*, Guillermo Escolar Editor, Madrid 2023.

NÚÑEZ GONZÁLEZ, José María (ed.), *Cicerón. La República. Las leyes*, Ediciones Akal, Madrid 1989.

TORREGO SALCEDO, Esperanza (ed.), *Cicerón. Sobre los deberes*, Alianza Editorial, Madrid 2023.

Para iniciarse en la figura de Séneca recomendamos la obra ya clásica, pero recién reeditada, de Pierre GRIMAL, *Séneca* (Gredos, Madrid 2023), además de las correspondientes introducciones a las traducciones de sus obras en la editorial Gredos y al manual de Michael von ALBRECHT, *Historia de la literatura romana. Desde Andrónico hasta Boecio* (2 vols., Herder, Barcelona 1997-1999). Para las traducciones aconsejamos las siguientes:

BARNÉS, Antonio (trad.), *Séneca. Sobre la brevedad de la vida*, Guillermo Escolar Editor, Madrid 2019.

CATAPA GONZÁLEZ, Alfonso (trad.), *Séneca. Sobre la serenidad*, Guillermo Escolar Editor, Madrid 2019.

LÓPEZ FONSECA, Antonio (trad.), *Séneca. Sobre la entereza del sabio*, Guillermo Escolar Editor, Madrid 2022.

LÓPEZ FONSECA, Antonio (trad.), *Séneca. Sobre la clemencia*, Guillermo Escolar Editor, Madrid 2021.

LÓPEZ FONSECA, Antonio (trad.), *Séneca. Sobre la muerte del hermano*, Guillermo Escolar Editor, Madrid 2022.

MARINÉ ISIDRO, Juan (ed.), *Séneca. Diálogos*, Gredos, Madrid 2008.

MARINÉ ISIDRO, Juan & ROCA MELIÁ, Ismael (trads.), *Séneca. Consolaciones. Diálogos. Epístolas morales a Lucilio*. Introducción de Juan Manuel Torres, Gredos, Madrid 2022 (=1986).

El lector que desee adentrarse en la figura de san Agustín puede comenzar con el librito del profesor Agustín UÑA JUÁREZ, *San Agustín* (Ediciones del Orto, Madrid 1994), que, además, ha traducido las *Confesiones* (Editorial Tecnos, Madrid 2012⁵). Pío de Luis VIZCAÍNO, agustino, ha publicado un resumen de su azarosa vida, del que acaba de salir la segunda edición corregida: *San Agustín. Al servicio de Dios en la Iglesia* (Biblioteca de Autores Cristianos, Madrid 2024²). Mucho más completo, y al mismo tiempo accesible para cualquier lector, es el último estudio de conjunto a cargo de Vittorino GROSSI, *Agustín de Hipona. Vida, escritos, legado histórico* (Traducción de Antonio Gaytán. Biblioteca de Autores Cristianos, Madrid 2022), que recoge desde aspectos tan concretos como un catálogo de manuscritos hasta la pervivencia de su pensamiento en el mundo occidental. Los que quieran profundizar en el pensamiento agustiniano, encontrarán en la monografía de Niceto BLÁZQUEZ, *Filosofía de san Agustín* (Biblioteca de Autores Cristianos, Madrid 2012) un excelente compendio ordenado por temas.

Respecto a la obra del santo de Hipona, la Biblioteca de Autores Cristianos ha publicado en más de cincuenta volúmenes la obra completa en edición bilingüe, pero escapan, sin duda, a las pretensiones de un lector de cultura media. Más asequibles resultan los pequeños volúmenes de la colección «Los Secretos de Diotima», donde es posible leer las *Confesiones* en la última versión que se ha publicado hasta la fecha en castellano, así como otros tratados sobre diferentes argumentos:

LÓPEZ MARTÍN, Iván (trad.), *San Agustín. Sobre el mal*, Guillermo Escolar Editor, Madrid 2022.

LÓPEZ MARTÍN, Iván (trad.), *San Agustín. Sobre la felicidad*, Guillermo Escolar Editor, Madrid 2022.

LÓPEZ MARTÍN, Iván (trad.), *San Agustín. Sobre la mentira*, Guillermo Escolar Editor, Madrid 2022.

LÓPEZ MARTÍN, Iván (trad.), *San Agustín. Sobre la viudez*, Guillermo Escolar Editor, Madrid 2023.

RUIZ VILA, José Manuel (trad.), *San Agustín. Errores de juventud (Confesiones I-III)*, Guillermo Escolar Editor, Madrid 2019.

RUIZ VILA, José Manuel (trad.), *San Agustín. La búsqueda de la verdad (Confesiones IV-VI)*, Guillermo Escolar Editor, Madrid 2020.

RUIZ VILA, José Manuel (trad.), *San Agustín. Camino de conversión (Confesiones VII-IX)*, Guillermo Escolar Editor, Madrid 2020.

RUIZ VILA, José Manuel (trad.), *San Agustín. Sobre la memoria (Confesiones X)*, Guillermo Escolar Editor, Madrid 2021.

RUIZ VILA, José Manuel (trad.), *San Agustín. Sobre el tiempo (Confesiones XI)*, Guillermo Escolar Editor, Madrid 2024.

La versión más accesible de la magna obra *La ciudad de Dios* se puede encontrar junto con la *Vida de San Agustín* de San Posidio en la nueva edición, despojada del texto latino, publicada por la Biblioteca de Autores Cristianos preparada por Santos SANTAMARTA DEL RÍO, Miguel FUERTES LANERO, Victorino CAPÁNAGA y

Teodoro CALVO MADRID (Biblioteca de Autores Cristianos, Madrid 2022[5]).

De otros autores latinos mencionados, como Macrobio o Boecio, hay menos oferta editorial; con todo, siempre podrá elegir el lector, al menos, entre dos traducciones:

NAVARRO ANTOLÍN, Fernando (ed.), *Macrobio. Comentario al Sueño de Escipión*, Gredos, Madrid 2006.

RAVENTÓS, Jordi (ed.), *Macrobio. Comentarios al Sueño de Escipión*, Ediciones Siruela, Madrid 2005.

GIL BRERA, Eduardo (ed.), *Boecio. Consuelo de la filosofía*, Editorial Acantilado, Barcelona 2020.

PÉREZ GÓMEZ, Leonor (ed.), *Boecio. La consolación de la filosofía*, Ediciones Akal, Madrid 1997.

RODRÍGUEZ SANTIDRIÁN, Pedro (ed.), *Boecio. La consolación de la filosofía*, Alianza Editorial, Madrid 2015.

Por lo que respecta a los autores griegos, reproducimos aquí las ediciones que hemos manejado y cuyas traducciones citamos a lo largo del presente libro:

AYORA ESTEBAN, Daniel (trad.), *Epicteto. Manual para la vida*, Guillermo Escolar Editor, Madrid 2022.

BACH PELLICER, Ramón (trad.), *Marco Aurelio. Meditaciones*, Gredos, Madrid 1977.

BERNABÉ PAJARES, Alberto (ed.), *Filóstrato. Vida de Apolonio de Tiana*, Gredos, Madrid 1992.

Campos Darona, Francisco Javier & Nava Contreras, Mariano (eds.), *Crisipo de Solos. Testimonios y fragmentos* (2 vols.), Gredos, Madrid 2006.

García Gual, Carlos (ed.), *Diógenes Laercio. Vidas de los filósofos ilustres*, Alianza Editorial, Madrid 2007.

Igal, Jesús (ed.), *Porfirio. Vida de Plotino. Plotino. Enéadas I-II*, Gredos, Madrid 1982.

Igal, Jesús (ed.), *Plotino. Enéadas V-VI*, Gredos, Madrid 1998.

López Cruces, Juan Luis & Campos Daroca, Javier (eds.), *Máximo de Tiro. Disertaciones filosóficas*, Gredos, Madrid 2005.

Ortiz García, Paloma (ed.), *Tabla de Cebes. Musonio Rufo. Disertaciones. Fragmentos menores. Epicteto. Manual. Fragmentos*, Gredos, Madrid 1995.

Ortiz García, Paloma (ed.), *Epicteto. Disertaciones por Arriano*, Gredos, Madrid 1996.

Vara, Jesús (ed.), *Epicuro. Obras completas*, Cátedra, Madrid 1995.

En cuanto a los estudios contemporáneos sobre filosofía en Roma, son muy escasas las monografías en castellano dedicadas en exclusiva al tema, como, por ejemplo, *Pensamiento romano. Una historia de la filosofía en Roma* (Tirant Lo Blanch, Valencia 2006) de Salvador Mas, pero se trata de un libro complejo, denso y más orientado a especialistas. Sobre filosofía helenística en general puede consultarse el libro de Anthony Long, *La filosofía helenística. Estoicos, epicúreos, escépticos* (Traducción de P. Jordan de Urries, Alianza Editorial, Madrid 1984). Aquellos que dominen el inglés podrán recurrir a las obras especializadas de Mark Morford, *The Roman philosophers: from the time of Cato the*

Censor to the death of Marcus Aurelius (Routledge, Londres 2002) y Miriam GRIFFIN & Jonathan BARNES, *Philosophia togata. Essays on Philosophy and Roman society* (Clarendon Press, Oxford 1989).

Pero si tuviéramos que indicarle al lector por dónde empezar, recurriríamos, sin duda, al trabajo de Diego SÁNCHEZ MECA, *Historia de la filosofía antigua y medieval* (Dykinson, Madrid 2013), en concreto el capítulo titulado «La filosofía helenística y romana» (pp. 186-244). Imprescindibles resultan también, aunque más técnicos, los ya clásicos de Frederick COPLESTON, *Historia de la Filosofía. I. Grecia y Roma* (Editorial Ariel, Barcelona 1990) y Étienne GILSON, *La filosofía en la Edad Media. Desde los orígenes patrísticos hasta el final del siglo XIV* (Gredos, Madrid 1976).

De entre las innumerables obras sobre la filosofía durante la Antigüedad y la Edad Media, recomendamos las siguientes:

CABALLERO DE LA TORRE, Vicente, *Breve historia de la filosofía occidental*, Nowtilus, Barcelona 2018.

HADOT, Pierre, *¿Qué es la filosofía antigua?* Traducción de Eliane Cazenave, Fondo de Cultura Económica, Madrid-México 1998.

YARZA DE LA SIERRA, Ignacio, *Historia de la filosofía antigua*, Ediciones Universidad de Navarra (EUNSA), Pamplona 2000[4].

Y estas sobre los movimientos filosóficos propios de la época helenística presentados en este libro:

ALSINA CLOTA, José, *El Neoplatonismo. Síntesis del espiritualismo antiguo*, Ánthropos, Barcelona 1989.

CHIESARA, Maria Lorenza, *Historia del escepticismo griego.* Traducción de Pedro Bádenas de la Peña, Siruela, Madrid 2007

GOMÁ, Javier, GARCÍA GUAL, Carlos y HERNÁNDEZ DE LA FUENTE, David, *Estoicismo romano. Séneca. Epicteto. Marco Aurelio*, Arpa editores, Barcelona 2024.

LLEDÓ, Emilio, *El Epicureísmo. Una sabiduría del cuerpo, del gozo y de la amistad*, Montesinos, Madrid 1984.

Por último, citamos algunas otras obras en diferentes idiomas que podrían ser de interés para los lectores más avezados:

ANDRÉ, Jéan-Marie, *La philosophie à Rome*, Presses Universitaires de France, París 1977.

BROWN, Peter, *Augustine of Hippo*, Faber & Faber, Londres 2000.

GARBARINO, Giovanna, *Roma e la filosofia greca dalle origini alla fine del II secolo a.C.*, 2 vols., Paravia, Turín 1973.

GILL, Mary Louise & PELLEGRIN, Pierre (eds.), *A Companion to Ancient Philosophy*, Wiley-Blackwell, Chichester 2005.

GONZÁLEZ PEREIRA, Miguel, *Aproximacion historiográfica al concepto de signo lingüístico a partir del Crátilo. La distinción entre léxico y gramática,* Universidade de Santiago, Santiago de Compostela 2008.

MOATTI, Claudia, *La razón de Roma: El nacimiento del espíritu crítico a fines de la República*. Trad. A. Rodríguez Mayorgas, Machado Libros, Boadilla del Monte (Madrid) 2008.

OROZ RETA, José, «M. Terencio Varrón Reatino primer humanista romano. En el bimilenario de su muerte», *Helmantica* 25 (1974), pp. 497-510.

SEADLEY, David (ed.), *The Cambridge Companion to Greek and Roman Philosophy*, Cambridge University Press, Cambridge 2003.

11. Nota a las traducciones

Las traducciones que se ofrecen en este volumen buscan aunar adecuación y aceptabilidad e intentan respetar con la mayor fidelidad posible los textos originales (y su espíritu y sentido, a tenor de las coordenadas en que se insertan). Pero ¿qué entendemos por fidelidad? En nuestra opinión, y es el faro que guía nuestra actividad como traductores, hay que ser fieles a tres elementos, a saber, al sentido del texto original, a la lengua de llegada y al receptor de la traducción. Así, hemos querido ofrecer una traducción natural para los lectores españoles que mantenga no solo el sentido íntegro del texto original, sino también sus componentes genéricos y contextuales en cuanto textos filosóficos.

Decía Walter Benjamin que lo importante en una traducción es precisamente lo intraducible en la lengua de partida, que desafía a la lengua de llegada a extenderse y a ahondarse. La traducción, ejercicio interpretativo por antonomasia, atiende a lo que no comprendemos del otro y, por tanto, requiere de una actitud especialmente hospitalaria, y la actitud hospitalaria por antonomasia es la de la escucha. Por ello, hemos dejado que los textos nos hablen y hemos escuchado atentamente, habida cuenta de que el proceso comunicativo que supone toda traducción, desgraciadamente, no es recíproco con los textos clásicos, no es un auténtico "diálogo". Y es que el traductor tiene que escuchar aquello que no está en la palabra, sino entre la palabra y quien la dice, porque en la palabra (escrita o pronunciada) hay algo que solo pertenece a quien la dice. Eso, precisamente, que no se deja traducir es lo más importante, lo que hemos perseguido.

Las ediciones de las que nos hemos servido para las traducciones de Cicerón, Séneca y san Agustín, han sido las siguientes:

- POWELL, J.F.G. (ed.) (2006), *M. Tulli Ciceronis: De re publica, De legibus, Cato Maior de senectute; Laelius de amicitia*, Oxford, Oxford Classical Texts, OUP.

- REYNOLDS, L.D. (ed.) (1985³), *L. Annei Seneca: Dialogorum libri duodecim*, Oxford, Oxford Classical Texts, OUP.

- GENTILI, D. (ed.) (1999), *Sant´Agostino. Il maestro,* Milán, Città Nuova Editrice.

La traducción es, por definición, una obra imperfecta, incompleta, en estado fluido, pero siempre es un punto de partida, una nueva vida, para los textos que con ella se insertan en la cultura que los recibe. *Fecimus quod potuimus, faciant meliora potentes.*

Marco Tulio Cicerón
Sueño de Escipión

Introducción

El famoso *Sueño de Escipión* se encuentra en la parte final del libro sexto (que, de hecho, concluye con él) de un tratado de filosofía política titulado *El Estado* (*De republica*). Igual que otras obras del mismo Cicerón, como *La amistad* (*De amicitia*) o *La vejez* (*De senectute*), recoge un diálogo, en este caso uno presuntamente acaecido en el año 129 a.C. durante las *Feriae Latinae* (una festividad en honor de Júpiter Lacial que duraba tres días) sobre la mejor forma del Estado (*res publica*). El narrador del sueño, Escipión Emiliano, nieto de Escipión Africano Mayor y destructor de Cartago y Numancia, murió en condiciones misteriosas unos días después de la supuesta conversación.

El plan inicial de Cicerón para todo el tratado era de nueve libros, pero al final los redujo a seis, dos por cada uno de los días de fiesta. El diálogo de cada uno de los días va precedido por un prólogo (libros 1, 3 y 5) en el que, suponemos, Cicerón le dedica la obra a un personaje. Y decimos que lo suponemos porque el lamentable estado de conservación en el que nos ha llegado la obra ha hecho que se hayan perdido, entre otras muchas partes, los prólogos 3 y 5, y parece que el primero, fragmentario, estaría dedicado a su hermano Quinto. Es en estos prólogos donde aparecería la voz del propio Cicerón, ausente luego de las partes dialogadas. En lo que conservamos del primero comienza hablando de la superioridad práctica de la actividad política frente a la teorética y asegura que uno de los participantes en el diálogo, el entonces joven Publio Rutilio Rufo, le había contado el contenido del mismo, que no era otro que la búsqueda de la mejor forma del Estado (*optimus status ciuitatis*). Se trata, por tanto, de un elogio de la vida política activa frente a las especulaciones filosóficas propias de los griegos, una clara contraposición del espíritu práctico romano con el teórico griego, al estilo de lo que más tarde haría en los mencionados *La amistad* y *La vejez*.

Estructura y contenido del *De republica*

El diálogo del libro I comienza con la puesta en escena: varios amigos de Escipión Emiliano acuden a su finca aprovechando los días de asueto de las *Feriae Latinae*: Quinto Tuberón, Lucio Furio, Publio Rutilio, Lelio, Espurio Mumio, Gayo Fanio, Mucio Escévola y Manio Manilio (Lelio, Fanio y Escévola serán también más tarde protagonistas del diálogo *La amistad*, cuyo punto de partida es, precisamente, la muerte de Escipión Emiliano). Ya en plena conversación, Lelio le pregunta a Escipión cuál es la mejor forma de gobierno y este expone los puntos de partida que, en esencia, son dos: el Estado (*res publica*) y el pueblo (*populus*). La *res publica*, en sentido literal, ha de entenderse como la "cosa pública" o "lo público", es decir, la representación del bien colectivo frente al privado. Cicerón la define como *res publica res populi*, es decir, que «lo público es del pueblo» (*El Estado* 1,39). Por su parte, el *populus*, no es «toda masa congregada de cualquier manera», sino que representa la esencia misma del Estado.

En efecto, al contrario de lo que sucede en los regímenes populistas, donde el pueblo es una masa informe e iletrada, para Cicerón (*El Estado* 1,39) es un todo cohesionado por el derecho (*iuris consensu*) —y es que sin este no hay Estado que valga— y la búsqueda del bien común (*utilitatis communione*). En resumen, el Estado se asienta sobre la base del pueblo, del derecho y del bien colectivo. Más adelante, y siguiendo la preceptiva clásica, distingue los tres tipos posibles de Estado, primero en sus formas puras, monarquía, aristocracia y democracia, y luego en sus degeneradas, tiranía, oligarquía y anarquía (descritas en *El Estado* 3,31,43-34,46). Sin embargo, para Cicerón, la forma más perfecta ya existe y consiste en una mezcla de todas ellas (más adelante veremos cuál es).

En el libro II se afirma que la constitución romana es producto de una historia y de unos hombres ilustres, lo que lleva los derroteros del diálogo a tratar la génesis y el desarrollo de las instituciones romanas conformando más un libro de historia que de filosofía política. En el libro III se trata de la necesidad de la justicia para regir el Estado. Todo parece girar en torno a dos discursos que pronunció en el año 155 a.C. el filósofo Carnéades y cuya defensa correrá a cargo de dos de los participantes. En el primero, que en origen fue el segundo, Carnéades defiende la necesidad de la justicia, de ahí que Lelio, que lo respalda, defienda, a su vez, la existencia de una ley universal basada en la naturaleza, es decir, el derecho natural. El segundo lo presenta Lucio Furio, advirtiendo, no obstante, de su desacuerdo, y propone el punto contrario, a saber, que la justicia no existe en la naturaleza y que los Estados han de guiarse solamente por el interés.

Del libro IV apenas se han conservado cuatro páginas, pero parece que sus temas serían la dualidad cuerpo y alma como constituyentes del ser humano, idea que reaparece en *Leyes* 1,27, y la educación en Roma, de carácter exclusivamente privado y encomendada a la familia, puesto que en la Roma clásica el Estado no tiene responsabilidad alguna sobre la educación de sus ciudadanos. Las seis únicas páginas que nos han llegado del libro V permiten suponer que uno de los temas sería la formación del ciudadano ideal (*de optimo ciui*), uno que pudiera llegar a ser *princeps ciuitatis*, que algunos comentaristas han querido ver como un precedente de la figura de Augusto. Del libro VI solo queda el *Somnium Scipionis*, del que Macrobio redactó un inmenso comentario en el siglo IV d.C. que contribuyó de manera tremendamente eficaz a su conservación y difusión.

Personajes del *Sueño de Escipión*

Ya hemos adelantado que quien tiene el sueño es Escipión Emiliano Africano Menor o Numantino (185-129 a.C.), conquistador de Cartago y Numancia; por el contrario, quien se le aparece es su abuelo adoptivo, Escipión Africano Mayor (235-183 a.C.), el gran vencedor de Aníbal en la batalla de Zama (202 a.C.). Se le aparece también, aunque de forma breve, Paulo Emilio, su padre biológico. Por último, y aunque no interviene en el sueño, pero sí en la narración que hace de marco, Masinisa, rey de los Númidas, que en la Segunda Guerra Púnica había luchado junto a los cartagineses de Asdrúbal, pero que en la batalla de Zama había estado de parte de Roma y, por ello, Escipión, que lo consideraba un aliado privilegiado de la República, aprovecha su viaje a África para visitarlo. Los demás protagonistas de los libros anteriores se convierten aquí en meros espectadores sin intervención alguna.

Estructura y contenido del *Sueño de Escipión*

El breve relato del *Sueño* tiene una estructura tripartita muy sencilla en la que las partes primera y tercera hacen de marco a la segunda, que es la que contiene propiamente la aparición de Escipión Africano Mayor. Todo comienza con el encuentro de Escipión Emiliano y Masinisa, que le invita a cenar y evoca de forma recurrente la figura del Africano provocando con ello el sueño del nieto con su abuelo. En este preciso momento comienza la segunda parte en la que el Africano Mayor, tras aparecerse, predice a su nieto, primero, una prometedora carrera política, pero, inmediatamente después, una muerte violenta provocada, quizás, por sus allegados (Cicerón deja entrever una posible conspiración familiar, pero en otras obras solo alude a causas políticas).

A continuación, se expone la clave de todo el *Sueño*: la felicidad eterna en el cielo es la recompensa a los méritos en pro de la patria (§13). A raíz de lo dicho, Escipión pregunta si su padre biológico, Emilio Paulo, y otros que le precedieron están vivos aún y en eso se le aparece la sombra de su padre, que le exhorta a perseverar en la justicia antes de alcanzar la felicidad en la vida ultraterrena (§14-16). Inmediatamente después, toma de nuevo la palabra el abuelo para ilustrarle sobre el sistema de las nueve esferas que componen el cielo. Para Escipión / Cicerón el universo está formado por nueve esferas concéntricas, la más externa de las cuales contiene las estrellas fijas y ella misma es la divinidad que gobierna el mundo; debajo de esta giran siete esferas que en orden decreciente son las de Saturno, Júpiter, Marte, Sol, Venus, Mercurio, Luna; la novena, la más baja, es la de la Tierra, que permanece inmóvil en el centro del universo. En el *Timeo* platónico (38c-d) aparece un orden distinto, porque Cicerón está siguiendo aquí el de los caldeos, como indica en *La adivinación*, 2,43,91. Además, el movimiento de las esferas celestes produce una armonía musical perfecta (§18), metáfora de la armonía que debe regir sobre la ciudad, como había anticipado ya en el libro II:

> Igual que en el canto o en el coro de voces se debe obtener de distintos sonidos un concierto pleno, así de los órdenes sociales más elevados y de los más bajos, de los intermedios, como pasa con los sonidos, la ciudad con equilibrada proporción está en acuerdo por medio de la armonía de los más diversos; y lo que los músicos llaman armonía del canto, en la ciudad se llama concordia (Cicerón, *El Estado* 2,69).

Se trata del concepto de *concordia ordinum* que solo puede darse bajo una constitución mixta (*genus mixtum*) que Cicerón veía en época de los Escipiones, la mencionada mixtura entre monarquía, aristocracia y democracia, que evitaría la prevalencia de una sola forma de gobierno que acabaría por superar a las demás y derivar en su respectiva degeneración: tiranía, oligarquía y anarquía. Para Cicerón, la parte monárquica de la República romana (valga la antítesis) se encuentra en el poder de los cónsules, la parte aristocrática en el senado, mientras que la parte democrática estaría en los comicios populares. Por tanto, la cosmología del *Somnium* ha de interpretarse como una proyección de ese Estado ideal, donde el Sol tiene el papel de *prin-*

ceps ciuitatis, ese garante del equilibrio entre las partes sociales y, por tanto, de la estabilidad del sistema.

A continuación, Africano Mayor diserta sobre la vanidad e inutilidad de la gloria humana (§19), aprovechando para describir las cinco zonas en las que está dividida la Tierra a las que la insignificante gloria de las hazañas humanas no podrá llegar de ninguna manera, sin contar, además, los diferentes cataclismos que cada cierto tiempo sacuden nuestro planeta acabando con civilizaciones enteras (§20-24). Por tanto, Escipión no debe aspirar a la gloria terrena, sino a la auténtica inmortalidad, que se consigue con la práctica de la virtud en pro de la patria. En este punto Cicerón se distancia totalmente de los epicúreos y su defensa de la ataraxia o "tranquilidad de ánimo" que los llevaba a apartarse de toda acción política. Sin embargo, para Cicerón, como había dicho en el libro I, «la virtud se basa por completo en la práctica; el gobierno de la ciudad es la forma más alta de practicar la virtud» (*El Estado* 1,1).

La parte final del *Somnium* (§26-28) se dedica a tratar la inmortalidad del alma y su participación en la naturaleza divina. Cicerón demuestra la eternidad de las almas recurriendo al concepto de eternidad de movimiento. Poca originalidad hay en este punto puesto que el arpinate inserta, sin indicarlo, una traducción propia del *Fedro* de Platón (245c5-246a2), que más tarde volverá a insertar, con mínimas variantes, en *Debates en Túsculo* (1,23,53-54). Para Platón, aquello que está dotado de movimiento espontáneo es causa misma de ese movimiento, y lo que es principio de movimiento no tiene origen, de donde se infiere que lo que no tiene origen tampoco ha de tener fin. En consecuencia, aquello que está dotado de movimiento espontáneo es eterno. El alma, por tanto, dotada de movimiento espontáneo, es eterna.

El último párrafo (§29) de la segunda parte, y del sueño propiamente dicho, se reserva para la conclusión en la que Africano aconseja vivamente a su nieto la práctica de la virtud al servicio del Estado como vía preferente para llegar a la casa del cielo:

> Y es que nobles son los desvelos que procuran la salvación de la patria; el alma que los haya sufrido y experimentado volará mucho más rápido a esta sede que es su casa; y lo hará más rápido aún si, a pesar de estar encerrada en el cuerpo, consigue salir de él y, mientras contempla el exterior, se aleja lo más posible del cuerpo (Cicerón, *Sueño de Escipión* 29).

La tercera y última parte, apenas una línea, rompe de manera abrupta toda la ilusión escénica, «Él se marchó y yo, liberado por este sueño...», dejando a los estudiosos con la duda sobre la coincidencia o no del fin del sueño con el final de todo el diálogo *El Estado*, pero esa es otra historia.

En cierta medida, y siempre según lo que hemos conservado de *El Estado*, el *Sueño* sería una especie de colofón a todos los temas tratados en los libros anteriores: formas de gobierno, instituciones romanas, teoría del derecho, educación y formación del *princeps*, porque todo estaría representado en la figura de Escipión Emiliano. En definitiva, el destino de las almas que hayan ejercido con justicia las más altas instancias del Estado (aunque a lo largo del sueño esta prebenda se extiende a todos aquellos que hayan cultivado la virtud por medio de la sabiduría) es la vida ultraterrena, razón que explica el inmenso éxito del *Sueño*, que superó con mucho a todo el resto del tratado, entre los autores cristianos de finales de la Antigüedad y de toda la Edad Media. Era sencillo leer el tratado en clave cristiana, como se había hecho antes con Platón, puesto que sus postulados de inmortalidad como premio al ejercicio de la virtud en este mundo encajaban perfectamente con un incipiente cristianismo que buscaba un asentamiento teológico firme, aunque, frente a una salvación ofrecida a toda la humanidad, el planteamiento ciceroniano es mucho más restrictivo.

Fuentes

A diferencia de otros tratados, como *La amistad*, donde no revela sus fuentes, parece ser que en *El Estado* sí lo habría hecho, aunque esa parte concreta no la hemos conservado. Sí disponemos, sin embargo, de un pasaje de Plinio donde asegura que Cicerón se confesaba seguidor de Platón (*Historia natural*, prefacio 22). En efecto, ya desde antiguo los comentaristas del *Sueño de Escipión* consideraron que la fuente principal era la *República* de Platón, tal es el caso de Macrobio (*Comentario al Sueño de Escipión* 1,1,2) y Favonio Eulogio, que fue discípulo de san Agustín.

Lo cierto es que el *Sueño* encuentra un claro precedente en el mito del soldado Er con el que Platón concluye su diálogo político (10, 614d). En resumen, Platón nos cuenta que Er resucita doce días después de su muerte para contar lo que había visto en el más allá. Al morir, las almas son juzgadas, lo que provocará mil años de deleites o mil de castigos. Después se preparan para renacer y eligen un *daimon* que será «guardián de su vida y ejecutor de su elección». Cada una de las almas elegirá, además, un modo de vida distinto. Beberán las aguas del olvido y serán expulsadas al exterior. Ahora bien, la resurrección del protagonista del relato platónico le resta verosimilitud al relato, de ahí que se tienda a considerar como fuente más plausible el diálogo *Eudemo* de Aristóteles, que no ha llegado hasta nosotros, pero que conocemos gracias a que el propio Cicerón lo resumió en el tratado *La adivinación* (1,53).

A Eudemo, que yace enfermo en la ciudad de Feras, en Tesalia (Grecia), se le aparece un joven que le dice que el tirano del lugar, Alejandro de Feras, morirá y que él, por el contrario, se recuperará por completo. Asimismo, que después de cinco años podría regresar a su patria. Sin embargo, lo que encontró Eudemo tras esos cinco años fue la muerte en combate. ¿Se cumplió el sueño? A primera vista podría parecer que no, pero si tenemos en cuenta, como se pretendía transmitir en el diálogo, que la auténtica patria del alma es el cielo, todo apunta a que sí. Esta misma idea ya había aparecido en el *Critón* de Platón (44b). Sin embargo, más allá de que la idea general del *Sueño* pueda ser platónica o aristotélica, es el pitagorismo una de las fuentes principales de todo el relato.

Escipión Africano se lleva a su nieto a la Vía Láctea, desde donde le muestra la Tierra y todo el universo, ubicación que no es casual, ya que los pitagóricos consideraban la Vía Láctea sede de las almas de los héroes, almas que, por otra parte, proceden del fuego de los astros, a donde, tras la vida terrena, deben regresar, idea compartida por los estoicos, como recuerda el propio Cicerón en *Debates en Túsculo* (1,19). Sin embargo, no lo podrán hacer hasta que no se liberen «de las cadenas de su cuerpo como si de una cárcel se tratara» (§14), idea que Platón atribuye a los órficos (*Crátilo* 400c), pero Ateneo de Náucratis a los pitagóricos (*El banquete de los eruditos* 157c). En cuanto a la concepción del universo que Cicerón plantea en el *Sueño* hay también muchos elementos pitagóricos: a la Tierra la define como *globum* "esfera", de suerte que fueron precisamente ellos los primeros en atribuirle forma esférica, así como en considerar al Sol como dios principal, al que Cicerón llama «guía, general y moderador de las demás luces, mente del mundo y fuerza reguladora» (§17). Y, desde luego, todo el argumentario sobre la música que producen los cuerpos celestes y la armonía (§18) no puede ser más pitagórico: los sonidos se regulan entre sí mediante relaciones fijas, que no son otra cosa que números, razón por la cual la música ha sido considerada durante siglos como una parte de las matemáticas. Y ¿qué subyace a la profecía sobre los años de vida de Escipión sino una concepción pitagórica de los números?:

> Cuando hayas cumplido siete veces ocho giros completos del sol, y estos dos números, que se consideran perfectos, cada uno por su propia razón, hayan completado con su círculo natural la suma de años que el destino ha fijado para ti, la ciudad entera se fijará solo en ti y en tu apellido (Cicerón, *Sueño de Escipión* 12).

En efecto, el 7 es perfecto (*plenus*) porque implica la suma del 3 (contiene principio, centro y fin) y el 4 (los elementos básicos: tierra, agua, aire y fuego), mientras que el 8 lo es por ser el primer número cubo ($2^3=8$) y divisible en partes iguales ($2+2+2+2$), razón por la que representa la justicia. La multiplicación de 7 por 8 produce 56, la edad a la que murió Escipión, número que resulta ser también perfecto como resultado de una operación de un número par con otro impar, teniendo en cuenta que consideraban hembras a los pares y machos a los impares (Macrobio, *Comentario al Sueño de Escipión* 1,5,18). Los números resultaban clave a los pitagóricos porque su medida les permitía entender el orden y la estructura del universo: convirtieron los números en la esencia de las cosas. Siglos más tarde lo resumió perfectamente Isidoro de Sevilla: «Quítales los números a las cosas y todo se desmoronará» (*Etimologías* 3,4,4).

Sueño de Escipión

9 ESCIPIÓN: Tan pronto llegué a África para visitar la cuarta legión, en calidad, como sabéis, de tribuno de los soldados, durante el consulado de Manilio aquí presente, no se me ocurrió nada mejor que reunirme con Masinisa, rey muy amigo de nuestra familia por motivos justificados. Cuando lo tuve delante, el anciano comenzó a llorar nada más abrazarme y, unos instantes después, levantó sus ojos al cielo y dijo: «Te doy las gracias, supremo Sol, y también a vosotros, los demás dioses celestes, porque, antes de partir de este mundo, puedo ver en mi reino y bajo mi techo a Publio Cornelio Escipión, pues basta la sola mención de su nombre para alegrarme: tanto es así que nunca he dejado de llevar en mi memoria el recuerdo de un ciudadano tan excepcional y del más victorioso soldado». Después, yo le pregunté por su reino y él a mí por nuestra república y así, en este intercambio de asuntos triviales, se nos pasó el día.

10 Luego, una vez recibidos con la pompa propia del reino, nos quedamos hablando hasta bien entrada la noche, porque el anciano no hacía más que hablar del Africano, pues no solo recordaba todas sus hazañas, sino también sus palabras. Después, cuando nos fuimos a acostar, me venció el sueño, más profundo de lo habitual, no solo por el viaje, sino también por haber estado despierto hasta bien entrada la madrugada. En ese momento (creo, sin duda, por lo que habíamos estado hablando, y es que es normal que nuestros pensamientos y conversaciones reproduzcan imágenes como las que Ennio decía tener sobre Homero,

porque hablaba y pensaba en él constantemente cuando estaba despierto) se me apareció el Africano con una imagen que me resultaba más familiar por las máscaras de cera que por él mismo; cuando lo reconocí, me eché a temblar, pero él me dijo: «Sé valiente y aleja el miedo, Escipión, y guárdate en la memoria lo que te voy a decir».

11 «¿Ves esa ciudad a la que obligué a someterse al pueblo romano que reanuda ahora las guerras pasadas y no puede estarse tranquila, a la que pretendes atacar ahora casi como simple soldado?» (y según lo decía me enseñaba Cartago desde un lugar maravilloso, magnífico, egregio y lleno de estrellas). «En dos años, cuando seas cónsul, acabarás con ella y te ganarás el sobrenombre que ahora tienes solo como herencia mía. Una vez que hayas destruido Cartago, celebrado el triunfo, ejercido el cargo de censor y hayas ido como legado a Egipto, Siria, Asia, Grecia, serás elegido cónsul de nuevo en ausencia y librarás la mayor de las guerras: acabarás con Numancia. Pero, cuando te estén llevando en el carro hacia el Capitolio, te toparás con un Estado trastocado por los planes de un nieto mío: 12 en ese momento, Africano, será preciso que muestres a tu patria la claridad de tu mente, de tu inteligencia y de tu saber hacer. Pero veo que ahora el destino va por un camino ambiguo. Y es que, cuando hayas cumplido siete veces ocho giros completos del sol, y estos dos números, que se consideran perfectos, cada uno por su propia razón, hayan completado con su círculo natural la suma de años que el destino ha fijado para ti, la ciudad entera se fijará solo en ti y en tu apellido: te estarán observando el senado, toda la gente de bien, los aliados, los latinos; serás el único baluarte para la salvación de la ciudad, pero, por no extenderme más, es preciso

que pongas orden en el Estado en calidad de dictador, si es que consigues escapar de las impías manos de tus allegados».

En este punto, apenas Lelio profirió un grito, los demás expresaron su dolor con mayor vehemencia aún, pero Escipión les dijo con una sonrisa serena: «Silencio, ¡por favor! ¡Que me vais a despertar del sueño! ¡Prestad un poco de atención a lo que queda!».

13 «Pero, Africano, para poder defender el Estado con mayor firmeza, ten esto presente: todos los que hayan protegido su patria, la hayan ayudado y la hayan hecho crecer, tienen reservado un lugar fijo y seguro en el cielo, donde podrán disfrutar, dichosos, de la eternidad; de cuanto se hace en la tierra, esto es lo que más le gusta al dios supremo que gobierna sobre todo el mundo: la unión y asociación de la gente bajo la ley, lo que llamamos "ciudades"; sus gobernantes y defensores volverán hasta aquí, porque de aquí han salido».

14 En este instante, yo, aunque estaba aterrado, pero no tanto por el miedo a la muerte cuanto por el de las zancadillas de los míos, le pregunté si estaban vivos no solo mi propio padre Paulo, sino también los demás que damos por muertos. «¡Claro que sí!», me dijo. «Están vivos los que han salido volando de las cadenas de su cuerpo como si de una cárcel se tratara; lo que vosotros llamáis vida, es la muerte. ¿Es que no ves que tu padre viene hacia ti?».

Apenas lo vi, fui un torrente de lágrimas, pero él me abrazó y me besó intentando que no llorara. 15 Y yo, en cuanto reprimí mis lágrimas y conseguí hablar, le dije: «Por favor, padre santísimo y extraordinario, si, como le oigo decir al Africano, esta es la vida, ¿por qué pierdo el tiempo en este mundo? ¿Por qué no me apresuro a ir con vosotros?». «No es así», me contestó él. «Si este dios, a quien pertenece todo este espacio celeste que ves, no te libera de las cadenas del cuerpo, no se te abrirá el camino hasta aquí. Las personas han sido engendradas bajo esta ley: custodiar la esfera, que ves en medio de este espacio celeste y que se llama tierra; su alma procede de esos fuegos sempiternos que llamáis constelaciones y estrellas, las cuales, con su forma esférica y redonda, movidas por mentes divinas, cumplen con su recorrido orbital con una rapidez increíble. Por esta razón, no solo tu alma, Publio, sino también la de las demás personas devotas debe permanecer bajo la custodia del cuerpo y, sin permiso de quien te la ha otorgado, no podrás dejar esta vida humana sin dar la impresión de haber escapado de la tarea humana que este dios te ha asignado.

16 Ahora bien, Escipión, igual que ha hecho tu abuelo aquí presente, igual que he hecho yo, que te he engendrado, cultiva la justicia y la entrega, que si es grande con los familiares y allegados, mayor es con la patria; esta vida es el camino al cielo y a esta comunidad de los que ya han vivido y, una vez libres del cuerpo, habitan este lugar que ves» (se trataba de un círculo que brillaba entre las llamas de los astros con una blancura especialmente relumbrante) «que vosotros llamáis vía láctea porque lo habéis tomado de los griegos».

Cuando miraba desde allí el universo, todo lo que veía me parecía excelso y maravilloso. Había unas estrellas que no hemos visto nunca desde la Tierra y todo tenía unas dimensiones como nunca habíamos sospechado que pudieran existir. La más pequeña de esas era la que se veía la última desde el cielo, la más próxima a la tierra, que brillaba gracias a la luz de otro astro. Las esferas de las estrellas superaban con facilidad el tamaño de la tierra. La propia tierra me pareció tan pequeña que sentí pena por nuestro territorio, que apenas representa un puntito en ella.

17 Según la estaba mirando con más atención, me dijo el Africano: «Por favor, ¿hasta cuándo vas a estar obsesionado con la tierra? ¿Es que no ves el espacio celeste al que has venido? Todo está conectado en nueve círculos, o mejor esferas, de los que solo uno es de naturaleza celeste, el exterior, que abraza a todos los demás y él mismo es dios supremo que contiene y mantiene unidos a los demás; dentro de él están fijas las estrellas, que rotan con un movimiento eterno. A él están sometidas las siete esferas que giran hacia atrás, en sentido inverso al cielo. La esfera más grande de todas ellas la ocupa el astro que en la tierra llaman de Saturno; luego se encuentra la estrella próspera y propicia con el género humano que se dice de Júpiter; después el rojo vivo, al que llamáis Marte, funesto para la tierra; luego ocupa su lugar el Sol, más o menos en la zona central de las siete esferas, guía, general y moderador de las demás luces, mente del mundo y fuerza reguladora, de un tamaño tan inmenso que alumbra y cubre todo con su luz. Lo siguen en calidad de compañeros, por un lado el curso de Venus, por otro el de Mercurio y en la órbita más pequeña gira la Luna, que brilla iluminada por los rayos del sol. Ahora bien, por debajo ya no hay nada que no sea mortal y perecedero, excepto las almas que los dioses han otorgado como regalo al género humano; de la Luna hacia arriba está todo lo que es eterno. Y es que la estrella que está en medio y en noveno lugar, la Tierra, tampoco se mueve y está en el punto más bajo, pero atrae a todos los cuerpos por su propia inclinación».

18 Estaba atónito mirándolo todo, pero en cuanto me repuse, dije: «¿Qué pasa aquí? ¿Qué es este sonido tan intenso y tan agradable que me llena los oídos?». Él me contestó: «Se trata del sonido que, unido a intervalos desiguales, pero, con todo, separados en razón de su parte proporcional, producen el impulso y el movimiento de las órbitas y que, regulando los agudos con los graves, da lugar a acordes igualmente variados; pero como es imposible generar movimientos tan grandes en silencio, la naturaleza consigue que los extremos suenen por una parte graves y por la otra agudos. Es por eso que la órbita más elevada, que transporta las estrellas del cielo, cuya rotación es más rápida, se mueve con un sonido más agudo y alto, pero, por otro lado, la de la luna, la más baja de todas, se mueve con uno especialmente grave, y a todo esto la tierra permanece inmóvil en la novena posición, su sede siempre fija, ocupando el centro del universo. Aquellas ocho órbitas, dos de las cuales tienen la misma velocidad, producen siete sonidos diferenciados por intervalos y este número es la clave del universo; los sabios consiguieron despejar el camino de vuelta hasta este lugar imitando esta armonía con el sonido de las cuerdas, igual que hicieron otros que cultivaron durante su vida humana la ciencia divina con extraordinaria gravedad. 19 El oído humano ensordeció aturdido por este sonido, y por eso es vuestro sentido más embotado; pasa lo mismo cuando el Nilo cae desde lo más alto de las montañas sobre ese lugar que llaman Catadupa; el enorme estruendo ha hecho que sus habitantes carezcan del sentido del oído. En realidad este sonido es tan intenso por la rapidísima rotación del universo que el oído

humano no sería capaz de soportar, igual que no podéis mirar al sol porque sus rayos superan vuestra capacidad de visión».

20 A pesar del asombro que me causaba todo esto, yo no apartaba un instante mis ojos de la tierra. Entonces el Africano me dijo: «Soy consciente de que todavía sigues mirando a la que es la sede y la casa de los hombres; si te parece pequeña, como lo es en verdad, ¡mira siempre hacia el cielo, despreocúpate de lo humano! ¿Cuántas veces te mencionará la gente en sus conversaciones? ¿Puedes aspirar a una gloria digna? Ves que pobláis la tierra en zonas aisladas y reducidas y que entre esos territorios habitados, que son prácticamente como manchas, se intercalan grandes desiertos y que los pobladores de la tierra no solo están divididos de forma que entre ellos mismos nada pueda pasar de unos a otros, sino que unos viven en hemisferios opuestos, otros en partes antagónicas y otros incluso en vuestras antípodas; está claro que de ellos no podéis esperar gloria alguna.

21 Puedes distinguir cómo hay unos cinturones que ciñen y rodean a la propia tierra; ves que dos de ellos, que están totalmente en los extremos y se apoyan por ambas partes en los polos celestes, se han solidificado por el hielo, pero el que está en medio, el más grande, se abrasa por el calor del sol. Dos son habitables: uno está en el sur, donde se han establecido vuestros antípodas, que nada tienen que ver con vuestra raza; el otro, sin embargo, está sometido al Aquilón y es donde vivís: ¡fíjate qué poco es lo que os corresponde! Toda la tierra que habitáis, achatada por los polos, más ancha por sus costados, es como una pequeña isla rodeada por ese mar que en la tierra llamáis Atlántico,

mar grande u océano; ves, con todo, qué pequeño es a pesar de tan poderoso nombre.

22 ¿Acaso tu apellido, o el de alguno de los nuestros, pudo pasar al otro lado del Cáucaso que ahora contemplas, o atravesar el Ganges desde esas tierras civilizadas y conocidas? ¿Quién escuchará tu apellido en las tierras más lejanas de oriente o de occidente o en las regiones septentrionales o meridionales? Si excluimos estas zonas, podrás discernir con toda claridad la minúscula parte en la que tu gloria podría querer extenderse. Estos mismos que hablarán de nosotros, ¿hasta cuándo lo harán? **23** Más bien al contrario, si la descendencia de las generaciones futuras quisiera que pasaran a sus hijos de generación en generación las alabanzas que cada uno de nosotros ha heredado de sus padres, sin embargo, las inundaciones e incendios que se suceden necesariamente por la tierra cada cierto tiempo nos impedirían conseguir no solo una gloria eterna, sino una mínimamente duradera. ¿De qué sirve que los que vengan después hablen de ti cuando no lo han hecho siquiera los que han pasado antes? Y eso que no fueron menos numerosos, aunque, sin duda, sí fueron mejores.

24 Por no mencionar que ninguna de esas personas entre las que podría circular nuestro apellido sería capaz de recordarnos por más de un solo año. La gente mide el año coloquialmente solo por el giro del sol, es decir, siguiendo un único astro; pero lo cierto es que cuando todos los astros hayan regresado al punto original del que han salido y hayan dibujado con sus largos intervalos ese mismo diseño de todo el cielo, solo entonces podremos llamar de verdad año a ese giro completo, en el que no sabría decirte cuántas generaciones caben. Y es que, igual que los antiguos creyeron que el sol se había ocultado y se había apagado para la humanidad cuando el alma de Rómulo entró en este mismo espacio celeste, cada vez que vuelva a ocultarse en esa misma región y con el mismo intervalo de tiempo, entonces, cuando todas las constelaciones y las estrellas hayan regresado al principio, se habrá cumplido un año, del cual, tenlo claro, no ha pasado todavía ni la vigésima parte.

25 Por eso, si has perdido la esperanza de regresar a este lugar en el que se encuentran todas las aspiraciones propias del hombre poderoso e importante, ¿cuánto vale esta gloria humana que apenas se corresponde con una parte pequeña de un solo año? Entonces, si quieres mirar alto y contemplar esta sede y casa eterna, no deberías estar en boca de todos ni poner tus esperanzas en recompensa humana alguna. Es preciso que la virtud te lleve hasta el honor verdadero con su propia fascinación, y lo que otros hablen de ti, ¡allá cada uno! Ahora bien, hablarán, aunque todo lo que digan quede ceñido a estas regiones tan angostas que ves, y nunca se hablará eternamente de nadie y lo que se dice se pierde con la muerte de las personas y desaparece con el olvido de la posteridad.

26 En cuanto terminó de hablar, yo le dije: «Africano, si a los benefactores de la patria se les abre casi como una frontera el acceso al cielo, aunque yo he seguido las huellas de mi padre desde la adolescencia y no he faltado nunca a vuestra dignidad, ahora, sin embargo, me esforzaré con mucho más interés ante la expectativa de la inmensa recompensa que me has mostrado». Y él contestó: «Eso es, esfuérzate y ten siempre presente que tú no

eres mortal, que solo lo es tu cuerpo; tú no eres quien describe tu figura, sino que es el alma la razón de ser de cada uno, no esa imagen que se puede señalar con el dedo. Ten en cuenta que eres un dios, si es que hay un dios que nos dé la fuerza, que siente, que recuerda, que conoce, que no solo guía, gobierna y mueve este cuerpo, del que está al mando, sino que también ese dios rige sobre este mundo, e igual que ese dios eterno mueve este mundo caduco desde alguna parte, así el alma eterna mueve nuestro cuerpo frágil.

27 Porque es eterno aquello que está siempre en movimiento. Por el contrario, lo que confiere el movimiento a otro cuerpo, que se mueve porque lo recibe de otra parte, cuando tiene lugar el fin de ese movimiento, necesariamente tiene lugar el fin de su vida. Por tanto, aquello que se mueve por sí mismo, como nunca pierde su propio ser, nunca deja tampoco de moverse. Es más, esta es la fuente y el principio motor para los otros cuerpos que se mueven. Ese principio no tiene origen, porque todo procede de ese principio que no puede nacer de ninguna otra cosa, ni tampoco existe la posibilidad de que ese principio pueda proceder de otro sitio. El caso es que si no ha nacido nunca, tampoco podrá morir nunca. Porque si este principio se extinguiera, no podría renacer él mismo a partir de otro, ni se crearía otro a partir de sí mismo, si es cierto que todo procede necesariamente de un principio. De ahí se deduce que el movimiento sea el principio de sí mismo, porque se mueve por sí mismo. No puede nacer ni morir, pues de lo contrario necesariamente se caería el cielo entero y se detendría la naturaleza, porque no podría generar ninguna fuerza con movimiento autónomo como para poder moverlo.

28 Entonces, como es evidente que es eterno lo que se mueve por sí mismo, ¿es posible negar que al alma se la haya dotado también de esta naturaleza? Carece de alma todo lo que se mueve por un empuje externo, pero lo que está dotado de alma se desplaza gracias a un movimiento interno que le es propio, porque esta es la esencia y la facultad característica del alma; si es la única cosa del mundo que se mueve por sí misma, no hay la menor duda de que no ha nacido y es eterna. 29 ¡Ejercítala en las más nobles actividades! Y es que nobles son los desvelos que procuran la salvación de la patria; el alma que los haya sufrido y experimentado volará mucho más rápido a esta sede que es su casa; y lo hará más rápido aún si, a pesar de estar encerrada en el cuerpo, consigue salir de él y, mientras contempla el exterior, se aleja lo más posible del cuerpo. Pues el alma de quienes se entregan a los placeres del cuerpo y se presentan casi como sus servidores, saltándose las leyes humanas y divinas empujados por una pasión esclava del placer, cuando salen del cuerpo revolotean alrededor de la tierra y no regresan a este lugar hasta después de muchos años de castigo».

Él se marchó; y yo, liberado gracias a este sueño...

Lucio Anneo Séneca
La vida feliz

El diálogo *De vita beata*

El destinatario de este diálogo es su hermano Novato, al que también dirigió *La ira*, aunque en este caso el nombre bajo el que aparece es Galión (tras ser adoptado por Lucio Junio Galión, amigo de su padre y rétor como él, tomó su nombre). En él se intenta definir la auténtica felicidad, que reside en la virtud, si bien a partir de cierto punto se da paso a una postura "defensiva" ante los ataques de un ficticio enemigo. ¿Dónde se había abordado la cuestión de la felicidad antes de Séneca? Fundamentalmente en el libro primero de la *Ética a Nicómaco* de Aristóteles, el quinto de *Debates en Túsculo* de Cicerón y en el segundo y tercero de *Los límites del bien y del mal*, también del arpinate. La diferencia es que en Séneca el tratamiento es más restringido, pues se centra sobre todo en la relación existente entre el bien y el placer, tal vez por el hecho de limitarse a las objeciones de un supuesto adversario. Se nos ha transmitido incompleto porque falta el final, aunque es probable que el planteamiento no variara.

Una de las cuestiones que más ha interesado a los estudiosos es el relacionado con la datación, con cierta tendencia a encontrar una correspondencia entre cuestiones concretas de la biografía de Séneca y su obra (bastante opaca en este sentido). Se ha querido ver una defensa personal frente a las acusaciones de un supuesto adversario, que no sería sino el trasunto de algún o algunos adversarios reales que proferían públicas acusaciones contra él. ¿A qué o quién se podría estar refiriendo en realidad? Se ha propuesto que se tratase del proceso de Dulio conocido a través de Tácito (*Anales* 13, 42) y Dión Casio (*Historia romana* 61, 10), y se dataría en torno al año 58, fecha del proceso. Si bien hay estudiosos que no coinciden con este dato concreto, sí hay consenso en que hay una defensa "real".

La estructura es coherente si consideramos que la obra tiene dos partes claramente diferenciadas. La primera parte comenzaría con la definición de felicidad y de la forma de alcanzarla, cuestiones que se desarrollan en primer lugar desde la perspectiva estoica, para seguir, a continuación, con la perspectiva epicúrea. Sería, pues, un intento de sentar las bases doctrinales desde dos escuelas diferentes. A partir de ahí, en la segunda parte, que comenzaría en el parágrafo 17, el tema se limita a la postura que hay que tomar ante la riqueza y se cambia la perspectiva: de la teoría se pasa a los teóricos, a los filósofos estoicos que no actúan de acuerdo con su doctrina. Se pasa de lo general a lo concreto. El hecho de que el diálogo esté mútilo por el final nos impide saber si se llegaría a una conciliación de esa doble perspectiva.

Resumamos el contenido por parágrafos que reflejan las divisiones que hemos introducido en la traducción:

- (1-2) Planteamiento del problema de la felicidad: todos aspiran a ella, pero se equivocan en los medios para conseguirla precisamente porque no saben qué es exactamente.

- (3) Los estoicos sí saben qué es: conformarse con la naturaleza.

- (4-8) Variantes a la definición, en todas las cuales entra la virtud, pero no el placer. Se trata de dos elementos que no pueden conciliarse.

- (9) La práctica de la virtud produce placer, pero no es lo que se busca, sino que es sobrevenido, una consecuencia.

- (10-15) La vida de quien solo busca el placer no puede ser virtuosa, como dice Epicuro, cuyas ideas, interpretadas de manera torticera, son excusa para los hedonistas. Esto provoca que se desvirtúe la virtud.

- (16) La virtud, por sí sola, es la causa de la felicidad, el supremo y único bien. Con todo, quien aspira a ella, en su devenir hasta alcanzarla, no ha de rechazar otros bienes que le puedan acaecer.

- (17-20) Ni el que ya es sabio ni el que aspira a ello son incongruentes, pues no proclaman cómo es su vida, sino cómo debería ser. Aun así, los detractores de los filósofos han atacado incluso a los más ilustres, sin atender a que la propia aspiración a la virtud, aunque no se alcance, es ya en sí misma digna de respeto.

- (21-24) Los bienes materiales se aceptan de forma transitoria. Son obtenidos legítimamente y por ello permiten cultivar mejor la virtud, pero los sabios no tienen ningún problema en deshacerse de ellos.

- (25-28) Los sabios se distinguen del resto en que estos últimos dependen completamente de los bienes y no quieren desprenderse de ellos de ninguna manera. Desde su posición, critican a los filósofos, que se encuentran en un lugar inalcanzable para ellos y ante quienes debería, mejor, callarse.

Antonio López Fonseca y José Manuel Ruiz Vila

La vida feliz

La felicidad: planteamiento de la cuestión

I. [1] Todo el mundo quiere ser feliz, querido hermano Galión, pero a la hora de discernir qué hace feliz la vida no ven con claridad; y hasta tal punto no es fácil conseguir la felicidad que tanto más nos alejamos de ella cuanto más rápidamente nos precipitamos hacia ella, si el camino es equivocado, pues, cuando el camino nos lleva en dirección contraria, la precipitación misma genera un mayor distanciamiento.

Es así que, en primer lugar, hay que tener claro qué pretendemos; después, hay que averiguar por dónde podemos acercarnos más rápidamente, y en el propio camino, siempre que sea el correcto, seremos conscientes de cuánto se avanza cada día y de cuánto más cerca nos encontramos de aquello a lo que nos empuja nuestro deseo natural. [2] Lo cierto es que todo el tiempo que deambulamos de acá para allá, no tras un guía, sino tras el vocerío y el alboroto de los que nos llaman en direcciones opuestas, despilfarramos entre extravíos la vida, breve por más que nos afanemos día y noche en una buena causa. Hay que tener claro dónde nos dirigimos y por dónde, no sin contar con alguien familiarizado con aquello donde nos encaminamos, pues la situación aquí es diferente a los demás viajes: en otros viajes unos senderos bien delimitados y la posibilidad de preguntar a los lugareños impiden equivocarse, pero en este el camino más trillado y frecuentado es el que más nos engaña.

[3] A nada hay que prestar, en consecuencia, más atención que a no seguir de manera gregaria al rebaño de los que nos anteceden, dirigiéndonos no hacia donde hay que ir, sino hacia donde se va. Y es que no hay nada que nos enrede en mayores desgracias que el dejarnos llevar por la opinión generalizada, en la idea de que lo mejor es lo que ha sido aceptado con un amplio consenso, que tenemos ejemplos en abundancia y que no nos conducimos conforme a la razón, sino por imitación a los demás. [4] De ahí surge ese gran amontonamiento de unos que se precipitan sobre otros. Lo mismo que sucede en las grandes aglomeraciones, cuando la masa se amontona sobre sí misma —nadie cae sin arrastrar a otro consigo, y los primeros son la ruina de los que les siguen—, eso es lo que puedes ver que pasa en cualquier vida. Nadie se extravía de manera aislada, sino que es motivo y causante de los extravíos ajenos; en efecto, es perjudicial apoyarse en los que nos anteceden y, habida cuenta de que cada cual prefiere confiar en otro antes que formarse su propio criterio, jamás se tiene un criterio sobre la vida, siempre se confía en otro, y eso nos confunde y nos hace precipitarnos en el extravío que pasa de mano en mano.

Nos perdemos siguiendo los ejemplos de otros: nos curaremos solo con apartarnos de la muchedumbre. [5] Pero ahora se alza frente a la razón el populacho como abanderado de su propia desgracia, de modo que sucede lo que en las asambleas, en las que los mismos que los han elegido como pretores se extrañan de que hayan sido elegidos, cuando cambia su inconstante apoyo: mostramos nuestra aprobación a las mismas cosas que desaprobamos. Este es el resultado de cualquier juicio que se pronuncia siguiendo a la mayoría.

II. [1] Al tratar de la felicidad no tienes que responderme conforme a la costumbre de las votaciones en el senado: «Este grupo parece mayoritario». Por eso es peor. No nos va tan bien en lo tocante a las cuestiones humanas como para que lo mejor agrade a la mayoría: la aprobación de la muchedumbre es la prueba de que es lo peor. [2] Por consiguiente, preguntémonos que es lo mejor que se puede hacer, no qué es lo más corriente, y qué es lo que nos pone en posesión de una felicidad sempiterna, no qué ha sido aprobado por el vulgo, el peor intérprete de la realidad. Y me refiero con vulgo tanto a los que llevan clámide como a los que llevan corona, pues no tengo en cuenta el color de los trajes con que los cuerpos se visten. No me fío, en lo que respecta al ser humano, de los ojos, tengo una luz mejor y más fiable para dilucidar lo verdadero de lo falso, a saber, que el alma encuentre el bien del alma. Esta, si en alguna ocasión tiene la oportunidad de tomar aliento y recogerse en sí misma, cuán atormentada por sí misma se confesará a sí misma y dirá: [3] «¡Todo lo que hice hasta ahora preferiría no haberlo hecho, todo lo que dije, cuando vuelvo sobre ello, me hace envidiar a los mudos, todo lo que deseé lo considero una maldición de mis enemigos, todo lo que temí, dioses bondadosos, cuánto más llevadero fue que lo que deseé fervientemente! He alimentado enemistades con muchos y del odio he llegado a la reconciliación, si es que entre malvados puede haber alguna reconciliación: aún no soy amigo de mí mismo. He puesto todo mi afán en apartarme de la turbamulta y destacar por alguna cualidad: ¿qué he conseguido sino exponerme a los dardos y mostrar a los que tienen mala voluntad dónde ensañarse? [4] ¿Ves a los que alaban la elocuencia, que van en pos de las riquezas, que adulan el favor, que ensalzan el poder? Todos son enemigos o, lo que es lo mismo, pueden llegar a serlo; el número de los que sienten admiración es tan grande como el de los que sienten envidia. ¿Por qué no busco mejor algo en realidad bueno, que pueda sentirlo, no que lo exhiba? Todas esas cosas que se admiran, ante las que la gente se detiene, que unos señalan a otros atónitos, son resplandecientes por fuera, por dentro son detestables».

La visión de los estoicos: conformarse con la naturaleza

III. [1] Busquemos algo que sea bueno no en apariencia, sino consistente, durable y más bello por su parte más oculta; descubrámoslo. No está lejos; se encontrará, solo hay que saber a dónde tender la mano; ahora, como entre tinieblas, obviamos lo que está junto a nosotros, tropezando precisamente con lo que anhelamos.

[2] Pero, para no hacerte dar rodeos, pasaré por alto las opiniones de otros —pues resulta prolijo exponerlas y refutarlas—; escucha la nuestra. Y cuando digo la nuestra no me adhiero a ninguno de los maestros estoicos; también yo tengo derecho a mostrar mi opinión. Es así que seguiré a uno, a otro le ordenaré que explicite su parecer, tal vez también, llamado a declarar después de todos, no desaprobaré nada de lo expuesto por los anteriores y diré: «Añado esto». [3] Entretanto, algo en lo que todos los estoicos convienen, estoy de acuerdo con la naturaleza; la sabiduría estriba en no apartarse de ella y en adaptarse a su ley y ejemplo.

Es, pues, feliz la vida que se adecua a su propia naturaleza, la cual no se puede dar más que si, en primer lugar, la mente es cuerda y está en imperecedera posesión de esa cordura, después, si es animosa y apasionada, además de tener una excelente capacidad de sufrimiento, adaptada a las circunstancias, cuidadosa sin obsesionarse con su cuerpo y lo que a él atañe, antes bien atenta a las otras cosas que constituyen la vida, sin sentir admiración por ninguna, pronta a servirse de los bienes de la fortuna, no a esclavizarse a ellos. [4] Te das cuenta, aunque no lo explicite, de que el resultado es un sempiterno sosiego, la libertad, si nos deshacemos de lo que nos hace sentir ira o temor. En efecto, a los placeres y <***>, que son pequeños y efímeros, y dañinos incluso por su propia ignominia, les sobreviene un inmenso gozo, inalterable y constante, y luego la paz y armonía del alma, y la magnanimidad junto con la benevolencia, pues la inhumanidad proviene de la debilidad.

Otras visiones: virtud y placer no pueden conciliarse

IV. [1] Se puede también definir de otro modo nuestro bien, es decir, expresar la misma teoría, pero no con las mismas palabras. Igual que un mismo ejército unas veces se extiende a lo ancho y otras se reagrupa en un espacio reducido o se comba por la parte central encorvándose hacia los costados o se despliega en un frente recto, y es idéntica, da igual cómo esté formado, su fuerza y su voluntad de resistir a favor del mismo bando, así también la definición del bien supremo unas veces puede ampliarse y desarrollarse, otras resumirse y reducirse a lo esencial. [2] Sería lo mismo si dijera «el bien supremo es el alma que desprecia lo azaroso, satisfecho con la virtud», o «la invencible fuerza del alma, conocedora de la realidad, serena en su devenir, con una inmensa sensibilidad y preocupación hacia sus congéneres».

También se puede definir de forma que digamos que el ser humano feliz es ese para quien nada es bueno o malo, salvo un alma buena o mala, que practica la honestidad, satisfecho con la virtud, a quien los avatares del azar no ensoberbecen ni quebrantan, que no conoce bien mayor que aquel que puede otorgarse a sí mismo, para quien el auténtico placer será el desprecio de los placeres. [3] Y, si quieres divagar, se puede decir lo mismo de otra forma manteniendo íntegro y a salvo el sentido, pues ¿qué nos impide llamar vida feliz a un alma libre, noble, impávida e inmutable, situada más allá del miedo y las pasiones, para la que el único bien sea la honestidad, su única desgracia la vileza, y todo lo demás una despreciable turbamulta de cosas que ni quitan ni ponen nada a una vida feliz, que vienen y van sin perjuicio ni beneficio para el bien supremo? [4] Así cimentada es necesario, quiera o no quiera, que le suponga un permanente contento y un profundo regocijo procedente de lo más hondo, de suerte que se alegra con sus cosas y no anhela nada más que lo que tiene a su alcance. ¿Cómo no le va a compensar esto las minúsculas, insustanciales y caprichosas apetencias de su cuerpecillo? El día en que esté sometida al placer, también lo estará al dolor; fíjate cuán desdichada y perniciosa esclavitud va a padecer aquel a quien posean placeres y dolores, tiranos tremendamente imprevisibles e incontrolables; hay, pues, que escapar hacia la libertad. [5] Esta no la proporciona otra cosa que no sea la despreocupación ante la fortuna; entonces surgirá un bien inestimable: la tranquilidad del espíritu instalado en un lugar seguro, la sublimidad y, una vez eliminados los extravíos, el gozo inmenso e inmutable que provoca el conocimiento de la verdad y la afabilidad y efusión del alma, en todo lo cual se complacerá no en cuanto bienes, sino en cuanto nacidos de su propio bien.

V. [1] Ya que he empezado a tratar el asunto con cierta extensión, se puede llamar feliz a quien no tiene deseos ni miedos, eso sí, gracias a la razón, porque también las piedras carecen de miedos y tristeza, no menos el ganado, y no por ello nadie llamaría dichosos a quienes no tienen conciencia de su propia dicha. [2] Pon en el mismo lugar a los seres humanos a los que su natural embotado y el desconocimiento de sí mismos han reducido al número de los animales gregarios y las bestias. No hay diferencia alguna entre estos y aquellos, porque unos no tienen raciocinio y los otros lo tienen degenerado y dispuesto para su propia desgracia y para la perversión; no puede, pues, ser llamado feliz nadie que esté apartado de la verdad. [3] En consecuencia, feliz es la vida cimentada en unos principios rectos y firmes de modo inamovible. Y es que entonces el espíritu es puro, libre de todo mal, capaz de escapar no solo de los desgarros, sino también de las picaduras, dispuesto a permanecer siempre allí donde se ha situado y a reivindicar su lugar incluso ante la iracunda e implacable fortuna. [4] En efecto, en lo que atañe al placer, aunque se derrame en torno por doquier y quiera penetrar por cualquier vía y ablande nuestra alma con sus halagos y aplique una tras otra formas con que engatusarnos por completo o en parte, ¿qué mortal, al que le quede un ápice de su condición humana, quisiera verse seducido día y noche y, abandonada su alma, entregarse al cuerpo?

VI. [1] «Pero también el alma tendrá sus propios placeres», dice. Que los tenga de manera razonable y se erija en árbitro del lujo y los placeres; que se llene de todo lo que suele regalar los sentidos, que luego mire al pasado y, rememorando marchitos placeres, se goce con los anteriores y de inmediato se vuelque sobre los venideros, y que organice sus esperanzas y, mientras su cuerpo yace empachado en el momento presente, se preocupe por el futuro: pues por esto me parecerá más desdichado, porque es un sinsentido preferir lo malo a lo bueno. Sin cordura nadie es feliz y no es cuerdo quien apetece el futuro como si fuera lo mejor. [2] Es, en consecuencia, feliz el de razonable criterio; feliz el que se contenta con lo presente, sea lo que sea, y el que aprecia lo suyo; feliz es a quien la razón recomienda toda actitud ante la vida.

VII. [1] También quienes cifraron el supremo bien en el vientre ven en qué vergonzoso lugar lo han puesto. Así, niegan que se pueda separar el placer de la virtud y aseguran que nadie que no viva gozosamente vive de manera honesta, ni gozosamente quien no lo haga con honestidad. No veo de qué modo esas cosas tan alejadas entre sí pueden ser coincidentes. ¿Qué razón hay, os pregunto, para que no se pueda separar el placer de la virtud? ¿Será que, como todo bien tiene su origen en la virtud, también lo que vosotros amáis y anheláis nace de sus raíces? Pero, si esos conceptos fuesen inseparables, no veríamos unas cosas agradables pero deshonestas, otras tremendamente honestas pero desagradables, alcanzables solo a través del sufrimiento.

[2] Añade también ahora el hecho de que el placer alcanza incluso a la vida más vergonzosa, pero la virtud no admite una

vida perversa, y algunas personas son desgraciadas no sin placer, sino, antes bien, por culpa del propio placer, algo que no sucedería si la virtud se mezclase con el placer, del que la virtud con frecuencia carece y nunca echa de menos. [3] Entonces, ¿a qué viene que aunéis cosas diferentes, más aún, divergentes? La virtud es algo excelso, sublime y propio de reyes, invencible, infatigable; el placer es vulgar, servil, débil, perecedero, cuya morada y sede son los burdeles y tabernas. Hallarás la virtud en el templo, en el foro, en la curia, erguida ante las murallas, llena de polvo, ennegrecida, con sus manos llenas de callos; el placer generalmente está oculto y busca la oscuridad en torno a los baños públicos y sudaderos, a los lugares que temen a los ediles, perezoso, enervado, empapado en vino y perfumes, pálido o pintado y rebozado en cosméticos.

[4] El supremo bien es inmortal, no sabe terminar ni experimenta hartazgo ni arrepentimiento, pues no es voluble un espíritu recto, ni abomina de sí mismo, ni sufre alteración alguna, pues es lo mejor. Ah, pero el placer en el punto de mayor delectación se extingue; no tiene mucha capacidad, de modo que se colma rápidamente, se hastía y se aja tras el primer impulso. Jamás es seguro aquello cuya naturaleza estriba en el movimiento: así, ni siquiera puede tener substancia alguna, pues llega y se va a toda velocidad destinado a perecer en su propio devenir. En efecto, tiende hacia donde termina, y ya en el momento de comenzar está atisbando su fin.

VIII. [1] ¿Qué hay de eso de que el placer está ínsito tanto en lo bueno como en lo malo y que a los sinvergüenzas su propia indignidad no les complace menos que a los honestos sus acciones sobresalientes? Por ello los antiguos recomendaron seguir la vida mejor, no la más agradable, para que el placer no sea guía, sino compañero de la voluntad recta y buena. Hay que servirse como guía de la naturaleza; la razón la respeta, la consulta. [2] Es, pues, lo mismo vivir feliz que vivir conforme a la naturaleza. Voy a aclarar qué quiero decir con esto: si conservamos, con todo cuidado y sin miedo, las cualidades físicas y las aptitudes naturales, como si se nos concediesen efímeras y transitorias, si no nos sometemos a su servidumbre ni se apodera de nosotros lo ajeno, si lo agradable al cuerpo, y al tiempo contingente, lo tenemos en la misma consideración en la que están en el campamento las tropas auxiliares y las ligeras —destinadas a obedecer, no a dar órdenes—, así sí son útiles para el espíritu. [3] Sea el hombre incorruptible e inasequible a lo ajeno y entusiasta solamente de lo suyo, *confiado en su espíritu y presto a una cosa o la otra* (Virgilio, *Eneida* 2, 61), artífice de su vida; que su confianza no carezca de conocimiento, ni el conocimiento de firmeza; que mantenga, una vez tomadas, sus opiniones y que en sus decisiones no haya enmienda alguna. Se sobreentiende, aunque no lo explicite, que semejante hombre debe ser bien dispuesto, ordenado y, en todo lo que haga, espléndido por su amabilidad. [4] Que la razón, estimulada por los sentidos y a partir de ellos —no tiene otro sitio desde donde intentarlo o desde donde tomar impulso en pos de la verdad—, vuelva sobre sí misma. Y es que el mundo, que lo abarca también todo, y el dios que rige el universo en efecto tienden hacia el exterior, pero, sin embargo, vuelven sobre sí mismos desde cualquier lado. Que haga lo mismo nuestro espíritu: cuando, dejándose ir tras sus sensaciones, haya tendido al exterior, sea dueño de sus sensaciones y de sí mismo. [5] De este modo logrará una única energía y un poder coherente consigo mismo, sin incoherencias ni incertidumbres en sus opiniones y certezas ni en sus convicciones, y cuando se haya organizado y llegado a un acuerdo con sus principios, y, por así decirlo, se haya armonizado, habrá alcanzado el bien supremo.

[6] Nada malo resta, nada escurridizo, nada con lo que chocar o resbalar; lo hará todo a partir de su propio criterio y no le sucederá nada inesperado, sino que, antes bien, haga lo que haga devendrá un bien, con facilidad y diligencia y sin subterfugios por parte de quien lo hace; la desidia y indecisión son testimonio de disputa e inconstancia. Por tanto, admite con gallardía que el supremo bien es la conformidad del alma; las virtudes tendrán que estar allí donde haya consenso y unanimidad: los vicios provocan desacuerdo.

El placer como consecuencia de la práctica de la virtud

IX. [1] «Pero es que tú también cultivas la virtud no por otra cosa que porque esperas alcanzar de ella algún placer», dice. Para empezar, aunque la virtud vaya a proporcionarnos algún placer, no se la busca precisamente por eso, pues no lo proporciona, sino que, sin esforzarse en ello, su afán, aunque se dirija a otra cosa, también permite alcanzarlo. [2] De la misma manera que en un campo que ha sido arado para la mies brotan acá y allá algunas flores y, por más que sean agradables de ver, no se ha invertido tanto esfuerzo en esas hierbecillas —el propósito del que hace la siembra fue otro, esto vino por añadidura—, así también el placer no es la recompensa ni la causa de la virtud, sino algo secundario, y no agrada porque produzca placer, sino que, si agrada, también produce placer.

[3] El supremo bien depende del propio juicio y la manera de regirse de un espíritu excelente que, cuando ha cumplido con lo suyo y se ha ceñido a sus límites, ha consumado el bien supremo y no desea nada más, pues nada hay más allá del todo, no más que allende los límites. [4] Es así que te equivocas cuando preguntas por qué persigo la virtud, pues pretendes algo que está por encima de lo supremo. ¿Me preguntas qué busco en la virtud? A ella misma. No tiene nada mejor, ella es su propia recompensa. ¿Acaso te parece poco importante? Cuando te digo que «el bien supremo es la fortaleza inquebrantable del alma, la prudencia, la sublimidad, la cordura, la libertad, la concordia, el decoro», ¿exiges además algo aún mayor que lo que implican estos conceptos? ¿Por qué me mencionas el placer? Busco el bien del ser humano, no el del vientre, que es mayor en el ganado y las bestias.

No es virtuosa la vida de quien solo busca el placer

X. [1] Dice: «Tergiversas lo que estoy diciendo, pues yo niego que nadie pueda vivir de forma agradable a no ser que, al tiempo, lo haga con honestidad, algo que no es posible en los animales ni en los que cifran su bien en la comida. Repito, con claridad, y doy público testimonio de que esta vida que yo llamo agradable no se da salvo con el aditamento de la virtud». [2] Pero ¿quién ignora que los más necios son los que están más plenos de vuestros placeres, que la maldad está abundantemente provista de cosas agradables y que la propia alma inspira tipos de placer indeseables y numerosos? Para empezar la insolencia, el estar de forma desmedida pagado de uno mismo, la arrogancia de creerse por encima de los demás, el amor ciego e imprudente hacia las propias pertenencias, la exultación por razones ínfimas y pueriles, la mordacidad y el engreimiento que se goza en la ofensa, la desidia y flaqueza de un alma indolente, enervada en la molicie, descuidada de sí misma. [3] La virtud desmorona todo esto y le tira de las orejas, sopesa los placeres antes de aceptarlos y no tiene en mucha estima los que ha aprobado, pues, en todo caso, los acepta con reservas y no se da por satisfecha con su disfrute, sino con la mesura en su disfrute. La mesura, por su parte, como quiera que mengua los placeres, es una afrenta al bien supremo. Tú abrazas el placer, yo lo reprimo; tú disfrutas del placer, yo lo utilizo; tú lo consideras el bien supremo, yo ni siquiera un bien; tú haces todo en función del placer, yo nada.

XI. [1] Cuando digo que yo no hago nada en función del placer, hablo del sabio aquel, única persona para la que permitimos el placer. Eso sí, no llamo sabio a aquel por encima del cual hay algo, mucho menos el placer. Porque, si se viera domeñado por él, ¿cómo se enfrentaría al esfuerzo, al riesgo, a la indigencia y a tantas amenazas que acechan la vida de los seres humanos? ¿Cómo arrostrará la visión de la muerte, cómo el sufrimiento, cómo el estruendo del mundo y tamaño número de acérrimos enemigos, si se ha visto derrotado por un enemigo tan flojo? «Hará todo aquello que el placer quiera». Venga, ¿no ves de cuántas te va a persuadir? [2] «De nada podrá persuadirlo vergonzosamente, porque está unido a la virtud", dice. ¿No te das cuenta de qué tipo de bien supremo es ese que necesita de un guardián para ser un bien? ¿Cómo gobernará la virtud al placer, al que sigue, cuando seguir es propio del que obedece, gobernar del que manda? ¿Postergas lo que manda? ¡Menudo noble oficio tiene entre vosotros la virtud: probar de antemano los placeres!

[3] Pero ya veremos si entre los que han tratado de una forma tan ofensiva la virtud queda algo de virtud, que no puede tener su nombre si cede terreno; entretanto, pues eso es de lo que se trata, demostraré que hay muchos rodeados por los placeres, sobre quienes la fortuna ha derramado todo tipo de favores, a quienes reconocerás necesariamente como depravados. [4] Fíjate en Nomentano y Apicio, que recogían bienes por doquier de tierras y mar, como ellos aseguran, y que reconocían servidos sobre la mesa animales de todas las especies; fíjate en esos mismos mirando despectivamente la comilona desde un lecho de rosas, deleitando sus oídos con el sonido de las voces, sus ojos con los espectáculos, su paladar con los sabores; su cuerpo entero se estimula con lenitivos delicados y suaves y, para que la nariz entretanto no permanezca inactiva, se impregna con aromas diversos el lugar en el que se tributan honores a la suntuosidad. Dirás que estos están entre placeres y, sin embargo, no les irá bien, porque no disfrutan del bien.

XII. [1] «Les irá mal —dice— porque concurrirán muchas circunstancias que perturbarán el alma y alterarán su espíritu pareceres contradictorios». Admito que así sea, pero, con todo, los propios estúpidos, los volubles y los que están bajo la turbación del arrepentimiento gozarán de grandes placeres, de modo que hay que reconocer que están tan lejos de cualquier contrariedad como del sentido común y, algo que le sucede a la mayoría, enloquecen de una locura hilarante y están fuera de sí a carcajadas. [2] Por el contrario, los placeres de los sabios son apacibles, mesurados y casi apagados, contenidos y apenas perceptibles, de modo que ni vienen cuando se ha producido un acercamiento, ni, aunque se hayan acercado por sí mismos, son recibidos con honores ni con júbilo alguno por parte de quienes los disfrutan. Efectivamente, los mezclan y los incorporan a la vida como una suerte de juego y divertimento entre cuestiones serias.

[3] Que dejen, por consiguiente, de unir elementos incompatibles y de imbricar con la virtud el placer, mala costumbre con la que solo se consigue adular a los peores. El que se ha entregado a los placeres, siempre eructando y borracho, como sabe que convive con el placer, cree que también lo hace con la virtud (en efecto, escucha que no puede separarse el placer de la virtud); luego da la categoría de sabiduría a sus vicios y hace público lo que debería esconder. [4] Así pues, no se entregan a los excesos empujados por Epicuro, sino que entregados a los vicios esconden sus excesos so capa de filosofía y acuden a la carrera donde pueden escuchar alabanzas al placer. Y no toman en consideración cuán moderado y sobrio es el placer de Epicuro —¡por Hércules que así lo creo!—, sino que se precipitan sobre el nombre en busca de algún tipo de justificación y envoltorio para sus pasiones. [5] Es así que el único bien que tenían en medio de sus males lo pierden, a saber, el sentimiento de pudor ante las malas acciones, pues alaban lo que les provocaba vergüenza y se complacen en el vicio; ni siquiera le está permitido resurgir a la juventud cuando se aplica el calificativo de honesto a una vergonzosa desidia. Por esto la alabanza del placer es perniciosa,

porque permanecen ocultas las pautas de honestidad y queda al descubierto lo que corrompe.

XIII. [1] Lo cierto es que soy de la opinión —lo diré incluso aunque pese a nuestros correligionarios— de que Epicuro ofreció unos preceptos muy respetables, justos y, si los observas más de cerca, austeros, pues el placer queda reducido a muy poca cosa, sin nervio, y la ley que nosotros dictamos para la virtud él la dicta para el placer. Le ordena obedecer a la naturaleza, pero es poco, en cambio, para los excesos lo que es suficiente para la naturaleza. [2] ¿Entonces, qué? Quien llama dicha al ocio perezoso y a la alternancia de gula y lujuria, en realidad, busca un buen pretexto para una mala acción y, cuando llega a él seducido por un nombre atractivo, va en pos del placer, no aquel del que oye hablar, sino del que se ha imaginado y, cuando ha empezado a considerar que sus vicios son similares a los preceptos, se muestra condescendiente con ellos, y no de forma timorata o a escondidas, e incluso, a partir de ese momento, se entrega al desenfreno a cara descubierta. Así pues, no voy a decir lo que la mayoría de los nuestros, que la escuela filosófica de Epicuro es maestra de conductas vergonzosas, pero sí digo que se oyen de ella cosas malas y tiene mala fama. ¡Ya, pero sin razón! [3] ¿Quién puede saberlo sino el que ha sido admitido en ella? Su propia fachada da lugar a habladurías y espolea los prejuicios. Es como si fueses un hombre vigoroso vestido con una estola de mujer: queda patente tu compostura, tu virilidad a salvo, no hay posibilidad de que tu cuerpo incurra en nada vergonzoso, pero tienes en la mano un tambor de Cibeles. Elíjase, pues, un rótulo decoroso y un frontispicio que resulte estimulante para el alma; el que hay ahora ha sido reclamo para los vicios.

[4] Cualquiera que se ha aproximado a la virtud ha dado muestras de un natural magnánimo; quien sigue al placer parece enervado, abatido, alguien degenerado, a punto de acabar en lo más vergonzoso como alguien no le discrimine los placeres, para que sepa cuáles están dentro del deseo natural, cuáles se hunden en las profundidades y son ilimitados y tanto más insaciables cuanto más se colman. [5] Venga, que la virtud vaya por delante, cualquier paso será más seguro. También el placer excesivo es perjudicial; en el caso de la virtud no hay que temer ningún exceso, porque en ella misma está la moderación: no es bueno sufrir bajo el peso de la propia grandeza. Además, a quien le ha tocado en suerte una naturaleza racional, ¿qué se le puede proponer mejor que la razón? Y si esta unión parece bien, si encaminarse hacia la felicidad con esta compañía parece bien, que la virtud vaya por delante, que el placer la acompañe y, como una sombra, ronde alrededor de su cuerpo. En efecto, entregar la virtud, la más eminente dueña, como sirvienta del placer es propio de un alma incapaz de concebir nada sobresaliente.

XIV. [1] Marche la primera la virtud, lleve estas enseñas; tendremos, no obstante, placer, pero seremos sus dueños y moderadores; algo podrá obtener suplicando, a nada nos podrá obligar. Ah, pero los que entregaron la soberanía al placer se ven privados de lo uno y lo otro. Y es que pierden la virtud y no está en sus manos el placer, sino que el placer los tiene en su poder, por cuya ausencia se atormentan o por cuya abundancia se ven ahogados, desgraciados si son abandonados por él, más desgraciados aún si son abrumados por él. Igual que los que se ven atrapados en el mar de Sirtes, ora quedan en seco, ora están a merced de una ola arrolladora. [2] Pero claro, esto sucede por una excesiva falta de moderación y un amor ciego a las cosas, pues para quien apetece el mal en lugar del bien resulta peligroso alcanzarlo. De la misma manera que cazamos animales salvajes con esfuerzo y peligro y su posesión en cautividad es una preocupación —a menudo lastiman a sus dueños—, así se comportan los grandes placeres: han devenido en una gran desgracia y capturados se convirtieron en captores. Cuanto más numerosos y mayores son, tanto menor y esclavo de más placeres es ese al que el vulgo llama dichoso. [3] Me parece oportuno seguir con esta misma comparación. De la misma manera que el que va tras el cubil de las fieras, y

el capturar animales salvajes a lazo

lo tiene en gran consideración y

el rodear con los perros los anchos bosques
(Virgilio, *Geórgicas* 1, 139-140),

para acosar sus huellas, desatiende asuntos más importantes y renuncia a muchas obligaciones, así el que va tras el placer lo pospone todo y desprecia, en primer lugar, su libertad y pasa a depender del vientre, y no compra para sí placeres, sino que, antes bien, se vende a los placeres.

XV. [1] «Sin embargo —dice— ¿qué impide aunar la virtud con el placer y así conseguir un bien supremo que sea al tiempo honesto y agradable?». Es que no puede ser parte de lo honesto nada que no sea honesto, y el bien supremo no mantendrá su integridad si se ve en sí mismo algo distinto a lo mejor. [2] Ni siquiera el goce procedente de la virtud, aunque sea bueno, es parte del bien absoluto, no más que la alegría y el sosiego, por más que nazcan de las más bellas causas; son, en efecto, bienes, pero en cuanto consecuencia del supremo bien, no en cuanto contribuciones. [3] Quien asocia la virtud con el placer, y no ciertamente en condiciones de igualdad, por la fragilidad de uno de los dos bienes enerva todo el vigor del otro y subyuga la libertad, invencible solo si no conoce nada más valioso que ella, pues, y esta es la mayor esclavitud, comienza a necesitar de la fortuna y le sigue una vida atribulada, llena de sospechas, agitada, recelosa ante el azar, dependiente de los avatares de las circunstancias. [4] No le das a la virtud una base sólida, inamovible, sino que le mandas asentarse sobre un lugar inestable. ¿Qué hay tan voluble como la espera de lo azaroso y la inconstancia del cuerpo y de lo que afecta al cuerpo? ¿Cómo puede semejante persona obedecer a la divinidad y recibir con buen ánimo cualquier cosa que suceda, no quejarse del destino interpretando de manera benevolente lo que le depare el azar, si se siente estremecer ante las punzadas del placer y el dolor? Pero es que tampoco resulta ser un buen defensor o garante de la patria ni protector de sus amigos, si tiende a los placeres.

[5] El bien supremo, por consiguiente, debe ascender al lugar del que ninguna fuerza pueda apartarlo, donde no haya posibilidad de acceso ni para el dolor, ni para la esperanza, ni para el miedo, ni para cualquier cosa que menoscabe los derechos del supremo bien; solo la virtud puede ascender a ese lugar. Hay que abatir esa cuesta con su paso; ella se mantendrá con valor y arrostrará cualquier cosa que pueda sucederle, no solo de manera sufrida, sino incluso de buen grado, y sabrá que todo contratiempo de las circunstancias es ley natural y, como buen soldado, soportará las heridas, contará sus cicatrices y al morir atravesado

por los dardos amará al general por el que cae; tendrá presente en su alma aquel viejo precepto: sigue a la divinidad.

[6] Todo el que se lamenta, llora y gimotea se ve obligado a cumplir las órdenes y, a pesar de todo, aun de mala gana se ve arrastrado a lo que le han ordenado. ¡Qué locura es preferir verse arrastrado en lugar de seguir voluntariamente! Tanto, ¡por Hércules!, como es estupidez e ignorancia de la propia condición el hecho de lamentarte porque te falta algo o te pasa algo muy desagradable, e igualmente lo es extrañarse o arrostrar de mal grado lo que les pasó tanto a los buenos como a los malos, y me refiero a las enfermedades, fallecimientos, dolencias y las demás cosas que atropellan la vida de los seres humanos. [7] Sobrellévese con enteresa todo lo que hay que sufrir debido a la propia conformación del universo; este es el juramento que nos obliga: arrostrar nuestra naturaleza mortal y no inmutarnos por lo que no está en nuestra mano evitar. Hemos nacido en un reino; en obedecer a la divinidad consiste la libertad.

La virtud: causa de la felicidad, el supremo y único bien

XVI. [1] Por tanto, en la virtud reposa la auténtica dicha. ¿A qué te inducirá esta virtud? A que no consideres bueno o malo lo que no tenga relación con la virtud o la maldad; después, a que te mantengas firme contra el mal, de conformidad con el bien, para que, en la medida de lo lícito, imites a la divinidad. [2] ¿Qué te promete a cambio de esta empresa? Cosas enormes y equiparables a las divinas: no te verás obligado a nada, no echarás nada en falta, serás libre, te sentirás seguro e indemne, nada intentarás en vano, nada te estará vetado, todo irá conforme a tus deseos, nada malo te sucederá, nada en contra de tu parecer y tu voluntad. [3] «¿Entonces, qué? ¿Basta la virtud para ser feliz?». ¿Cómo no va a bastar, e incluso sobrar, siendo como es perfecta y divina? ¿Qué puede faltarle a quien está situado más allá de todo deseo? ¿Qué necesidad de lo exterior puede haber para quién reúne en sí mismo todo lo suyo? Pero el que aspira a la virtud, incluso aunque haya progresado mucho, necesita alguna concesión de la fortuna cuando se debate en medio de los avatares humanos, en tanto aún no haya roto aquel nudo y toda atadura mortal. ¿Cuál es, entonces, la diferencia? Que unos están fuertemente amarrados, encadenados, incluso impedidos; quien ha avanzado hasta zonas superiores y se ha elevado más arrastra una cadena liviana, y no siendo aún libre es considerado, sin embargo, libre.

La búsqueda de la virtud

XVII. [1] Así pues, si alguno de esos de los que ladran contra la filosofía dijera lo que suelen decir, «¿Por qué, entonces, hablas de forma más contundente a la que vives? ¿Por qué bajas tu voz ante los superiores, consideras el dinero un instrumento imprescindible para ti, te alteras ante las pérdidas y derramas lágrimas ante la noticia de la muerte de tu esposa o de un amigo, atiendes a lo que piensan los demás y te afectan los comentarios maliciosos? [2] ¿Por qué tienes tus campos más cuidados de lo que exige el uso natural? ¿Por qué no cenas conforme a tus propios consejos? ¿Por qué tu ajuar es tan espléndido? ¿Por qué en tu casa se bebe un vino de más años que tú? ¿Por qué se exhibe el oro? ¿Por qué se plantan árboles que no darán otra cosa que sombra? ¿Por qué tu esposa lleva en sus orejas el equivalente a las riquezas de una casa rica? ¿Por qué tus jóvenes esclavos visten ropas valiosas? ¿Por qué en tú casa es un arte servir la mesa y la plata no se coloca de cualquier manera, sino que se dispone con pericia y además hay un maestro en trinchar las viandas?». Añade, si quieres: «¿Por qué tienes propiedades al otro lado del mar? ¿Por qué más cosas de las que tienes constancia? ¿Por qué tienes un comportamiento tan vergonzoso y desidioso que no conoces a tus escasos esclavos, o eres tan exagerado como para tener más de los que puedes recordar?».

[3] Poco después contribuiré a los improperios y me reprocharé más cosas de las que imaginas, pero de momento te contesto esto: no soy sabio y, para dar pábulo a tu malquerencia, no lo seré. Así es que exígeme no que sea igual que los mejores, sino mejor que los malos: yo tengo suficiente con eliminar cada día alguno de mis defectos y censurar mis extravíos. [4] No he alcanzado la cordura, ni creo que lo consiga; calmantes más que remedios preparo para mi gota, me doy por satisfecho si los ataques me dan con menos frecuencia y tengo dolores más de tarde en tarde; con todo, comparado con vuestros pies, personas delicadas, soy un corredor. Y esto no lo digo por mí —pues yo estoy en lo más profundo de todos los defectos—, sino por quien ha conseguido avanzar algo.

XVIII. [1] «Hablas de una manera, vives de otra», dices. Esto, ¡cabezas más que perversas y más que enemigas de los mejores!, se le reprochó a Platón, se le reprochó a Epicuro, se le reprochó a Zenón; y es que todos ellos decían no cómo vivían, sino cómo habrían de vivir. Hablo de la virtud, no de mí, y cuando levanto un vocerío contra los defectos, lo levanto especialmente contra los míos: cuando pueda, viviré como es debido. [2] No me apartará de los mejores esa malevolencia empapada en veneno; y tampoco esa podredumbre que desparramáis sobre los demás, con la que os asesináis a vosotros mismos, me impedirá perseverar en la alabanza de una vida que no llevo, pero que sé que se debe llevar, y adorar la virtud y seguirla a rastras a una gran distancia. [3] ¿Voy a tener que esperar a que algo sea inviolable para la malquerencia, para la que no fueron sagrados Rutilio ni Catón? ¿Va a preocuparse alguien por el hecho de que lo acusen de ser demasiado rico aquellos para quienes el cínico Demetrio es poco pobre? Precisamente del más enérgico varón que luchaba contra todos los antojos de la naturaleza, más pobre que los demás cínicos, porque al prohibirse tener se prohibió también pedir, dicen que no está suficientemente necesitado. Lo estás viendo, no practicó el arte de la virtud, sino de la pobreza.

XIX. [1] Niegan que Diodoro, filósofo epicúreo que hace unos días puso con su propia mano fin a su vida, obrara conforme a la doctrina de Epicuro, porque se degolló: unos pretenden que esta acción suya parezca una locura, otros una temeridad. Mientras él, feliz y rebosante de buena conciencia, dio testimonio de sí mismo al abandonar la vida y alabó el sosiego de su vida, que transcurrió anclada en puerto, y dijo algo que vosotros oís de mala gana, como si tuvierais que aplicároslo:

> *viví y al cabo recorrí la jornada que Fortuna me diera*
> (Virgilio, *Eneida* 4,653).

[2] Discutís sobre la vida, sobre la muerte de otro y ante el nombre de los más destacados varones por algún extraordinario mérito, como perros insignificantes al paso de personas desconocidas, ladráis. En efecto, os conviene que nadie os parezca bueno, como si la virtud ajena fuese el reproche a vuestros defectos. Envidiosos, comparáis lo espléndido con vuestras miserias y no entendéis con qué gran detrimento para vosotros mismos osáis hacerlo, pues si los que persiguen la virtud son avarientos, lascivos y codiciosos, ¿qué sois vosotros que sentís aversión ante el solo nombre de la virtud? [3] Decís que nadie cumple lo que dice ni vive conforme a lo que predica; ¿qué tiene de extraño, cuando se habla de hechos inconmensurables que escapan a todas las vicisitudes humanas? Aunque intentan desclavarse de las cruces —en las que cada uno de vosotros aporta sus propios clavos—, sin embargo, conducidos al suplicio, cada uno pende de un solo palo; los que llaman la atención sobre sí mismos se ven lacerados por tantas pasiones como cruces. Ah, pero son maledicentes, ingeniosos cuando se ofende a otro. Podría creer que están libres de este defecto, si no fuera porque algunos escupen a los espectadores desde el patíbulo.

XX. [1] «No hacen los filósofos lo que dicen». Sin embargo, hacen mucho con lo que dicen, porque generan ideas de manera honesta. ¡Ojalá también actuaran de forma semejante a como dicen! ¿Qué felicidad mayor podrían tener? Mientras tanto, no hay razón para que desprecies las buenas palabras ni sus entrañas repletas de buenas intenciones: es digna de alabanza, incluso más allá de los resultados, la entrega a afanes provechosos. [2] ¿Qué hay de extraño en que no lleguen a la cima los que se enfrentan a duras escaladas? Pero si eres un hombre, fíjate en los que intentan grandes empresas, aunque fracasen. Es un esfuerzo loable que quien mira no sus fuerzas, sino las de la naturaleza, intente elevadas empresas y conciba en su espíritu empresas mayores de las que pueda lograr, por más que tenga un alma inmensa.

[3] Quien se lo ha propuesto: «Yo miraré a la muerte con el mismo semblante que al oír hablar de ella. Yo me entregaré a los esfuerzos, por grandes que sean, apoyando el cuerpo en el alma. Yo despreciaré igualmente las riquezas presentes y ausentes, y no estaré más triste si se encuentran en otro lugar, ni más orgulloso si brillan en torno a mí. Yo no advertiré la fortuna cuando venga ni cuando se marche. Yo miraré todas las tierras como si fueran mías, las mías como si fueran de todos. Yo viviré como si supiera que he nacido para los demás y diera por ello gracias a la naturaleza: ¿de qué mejor forma habría podido velar por mis intereses? Me ha dado a mí solo para todos, a todos para mí solo. [4] Todo lo que pueda llegar a tener ni lo guardaré con cicatería ni lo derrocharé con prodigalidad; consideraré que no poseo nada más que aquello que se me haya dado justamente. No sopesaré los favores, ni por su cantidad ni por su cualidad ni por nada salvo por la estimación de quien lo recibe; nunca consideraré excesivo lo que reciba alguien digno de ello. Nada haré basándome en una suposición, todo en el conocimiento reflexivo. Creeré que todo lo que haga a sabiendas sucede a la vista de todo el mundo. [5] Tendré como límite de la comida y la bebida la mera satisfacción de las necesidades naturales, no llenar y vaciar el estómago. Seré amable con los amigos, benévolo y condescendiente con los enemigos. Me dejaré convencer antes de recibir un ruego y me anticiparé a las peticiones honestas. Sabré que mi patria es el mundo y los tutores los dioses, que están por encima de mí y en

torno a mí enjuiciando lo que hago y digo. Y cuando la naturaleza venga a buscar mi hálito vital o la razón lo deje marchar, me iré habiendo dejado bien claro que he amado la buena conciencia, los buenos afanes, que no se ha menoscabado la libertad de nadie por mi culpa, y menos aún la mía». Quien se proponga hacer esto, lo quiera, lo intente, se encaminará hacia los dioses y, aunque no lo consiga,

> *cayó al menos por su gran arrojo*
> (Ovidio, *Metamorfosis* 2,328).

[6] Lo cierto es que vosotros, que odiáis la virtud y a quien la cultiva, no hacéis nada nuevo. En efecto, también los ojos enfermos sienten miedo ante el sol y evitan el resplandor del día los animales nocturnos que, nada más despuntar el alba, se quedan atónitos y buscan por doquier sus guaridas, se ocultan en alguna grieta, temerosos de la luz. Lamentaos y entrenad vuestra desdichada lengua insultando a los buenos, abrid bien la boca, morded: mucho antes os romperéis los dientes que dejarlos marcados.

El sabio y los bienes materiales

XXI. [1] «¿Por qué aquel, siendo amante de la filosofía, vive de forma tan opulenta? ¿Por qué dice que hay que despreciar las riquezas y las posee, piensa que hay que despreciar la vida y, sin embargo, sigue viviendo, que hay que despreciar la salud y, sin embargo, bien que la cuida y prefiere tenerla excelente? ¿Considera el destierro un vocablo vano y dice: "¿Qué hay de malo en cambiar de lugar?", y, sin embargo, si tiene la posibilidad, se hace viejo en su patria? ¿Y juzga que no hay ninguna diferencia entre una vida más larga y otra más breve y, sin embargo, si nada se lo impide, prolonga su vida y se mantiene tranquilo en plenas facultades en su provecta edad?». [2] Dice que hay que despreciar esas cosas, no para no poseerlas, sino para no poseerlas con ansiedad; no las aparta de sí, pero, cuando se alejan, continúa sin preocupación su camino. Y es que ¿dónde va a depositar la fortuna sus riquezas de manera más segura que allí de donde las recuperaré sin que proteste el que las devuelve?

[3] Marco Catón, cuando alababa a Curio y a Coruncanio y aquella época en que era un delito perseguido por los censores la posesión de unas pocas laminillas de plata, él mismo tenía cuatro millones de sestercios, menos, sin duda, que Craso, más que Catón el Censor. Si los comparásemos, hubiese sobrepasado a su bisabuelo con mayor ventaja de la que le sacaba a él Craso, y, si le hubiesen cabido en suerte mayores riquezas, no las hubiese desestimado. [4] En efecto, el sabio no se considera indigno de ningún don de la fortuna; no ama las riquezas, pero las prefiere; no las acoge en su alma, sino en su casa, y no rechaza las que ya posee, sino que las controla y quiere que le proporcionen mayores oportunidades a su virtud.

XXII. [1] ¿Qué duda cabe de que para un hombre sabio no hay mayor oportunidad de desplegar su alma que en las riquezas antes que en la pobreza, pues en esta última el único tipo de virtud es no doblegarse ni hundirse, mientras que en las riquezas tienen campo abierto la moderación, la generosidad, la escrupulosidad, la buena disposición y la magnanimidad? [2] El sabio no se despreciará a sí mismo, por más bajo que sea, sino que querrá ser alto. Endeble de cuerpo, o tras perder un ojo, se encontrará bien, y, sin embargo, preferirá un cuerpo robusto, y esto a sabiendas de que en él hay algo más saludable; arrostrará la mala salud, deseará la buena. [3] Y es que algunas cosas, aunque sean insignificantes en el conjunto y puedan ser suprimidas sin perjuicio para el bien principal, sin embargo, aportan algo a la alegría sempiterna que nace de la virtud; las riquezas lo afectan y lo alegran como al navegante el viento favorable que lo empuja, como un día bonito y un paraje soleado en el frío de pleno invierno.

[4] Mas, ¿cuál de los sabios —y digo de los nuestros, para los que el único bien es la virtud— niega que incluso las cosas que llamamos indiferentes posean algo de valor en sí mismas y que unas sean preferibles a otras? A algunas de ellas les damos algún valor, a otras mucho; no te equivoques entonces: entre las preferibles están las riquezas. [5] «¿Por qué entonces —dices— te burlas de mí cuando tienen la misma importancia para ti que para mí?». ¿Quieres saber cómo no tienen la misma importancia? Si las riquezas desaparecieran, no se llevarían nada de mí, salvo a ellas mismas, tú te quedarás estupefacto y tendrás la sensación de haberte quedado sin ti en el caso de que te quedes sin ellas; para mí las riquezas tienen algo de importancia, para ti la mayor importancia. A la postre, las riquezas son mías, tú eres de las riquezas.

XXIII. [1] Deja, entonces, de vedar el dinero a los filósofos: nadie ha condenado con la pobreza a la sabiduría. El filósofo podrá tener muchas riquezas, pero no detraídas a nadie ni manchadas con sangre ajena, conseguidas sin perjuicio para nadie, sin tratos indecentes, cuya marcha debe ser tan honesta como su llegada, por las cuales nadie se lamentará salvo el malvado. Acumúlalas todo lo que quieras: son honestas en quienes no hay nada que nadie pueda decir que es suyo, por más que haya muchas que cada cual quisiera decir que son suyas. [2] Evidentemente, él no va a apartar de sí la generosidad de la fortuna y ni se gloriará ni se avergonzará por el patrimonio adquirido de manera honesta. Sin embargo, tendrá también de qué gloriarse, si, una vez abierta su casa y admitida la ciudadanía en sus posesiones, puede decir: «Que cada cual se lleve lo que reconozca». ¡Qué gran hombre, cuán justamente rico, si después de dicho esto conservara exactamente lo mismo! Así de claro lo digo: si se prestara al escrutinio de la gente seguro y despreocupado, si nadie encontrara en su casa nada que reclamar, será rico con toda libertad y a la vista de todos.

[3] El sabio no consentirá que entre de mala manera en sus lindes ni un solo denario; él mismo no rechazará ni descartará las grandes riquezas, los dones de la fortuna y del fruto de la virtud. ¿Qué razón hay para privarles de un lugar adecuado? Que vengan, que se alojen. No hará ostentación de ellas ni las ocultará —lo uno es propio de un alma necia, lo otro de una medrosa y pusilánime que las acoge en su seno como si se tratase de un gran bien—, ni, como ya he dicho, las expulsará de su casa. [4] ¿Qué dirá, entonces? ¿Acaso «sois inútiles» o «yo no sé utilizar las riquezas»? Del mismo modo que podría hacer un viaje por su propio pie, aunque preferiría subir en un carruaje, así también podría ser pobre, pero preferiría ser rico. Tendrá riquezas, pero como si fueran fútiles y volubles, y no tolerará que le sean gravosas para nadie, ni para sí mismo. [5] Regalará —¿por qué agu-

záis el oído, por qué aprestáis la bolsa?—, regalará a los buenos o a los que pueda convertir en buenos, regalará escogiendo con buen criterio a los que se lo merezcan de verdad, como quien recuerda que hay que rendir cuentas tanto de lo gastado como de lo ingresado, regalará en función de una causa digna y loable, pues entre las pérdidas vergonzosas se cuenta la donación inmerecida; tendrá la bolsa fácil, no agujereada, para que de ella pueda salir mucho y no perderse nada.

XXIV. [1] Se equivoca quien piense que regalar es sencillo, pues implica muchas dificultades, siempre que se reparta con buen criterio, no de manera aleatoria y compulsiva. Me hago acreedor de este, le devuelvo a aquel; acudo en ayuda de este, de este otro me compadezco; de aquel, que es merecedor de que la pobreza no lo arruine ni lo tenga entregado, me hago proveedor; a otros no les daré nada, aunque les haga falta, porque incluso aunque les diera les seguiría faltando; a otros se lo ofreceré, a otros incluso les obligaré a que lo acepten. No puedo permitirme ningún descuido en esta cuestión; nunca gano más crédito que cuando regalo. [2] «¿Cómo? —dices— ¿Tú regalas para recibir?». Antes bien para no perder: el regalo debe estar en un punto del que no se pueda reclamar, pero se pueda devolver. Considérese el favor como un tesoro profundamente enterrado que no desenterrarías salvo que fuese necesario.

[3] ¿Qué? La propia casa de un hombre rico, ¡qué grandes posibilidades de hacer el bien tiene! Pues, ¿quién apela a la generosidad solo para con los ciudadanos romanos? La naturaleza me ordena ser provechoso para los seres humanos. Sean esclavos o libres, nacidos libres o libertos, hayan conseguido la libertad por

procedimientos legales o por gracia de los amigos, ¿qué importa? En cualquier parte que haya un ser humano hay posibilidad de hacer el bien. Es así que el dinero también puede repartirse dentro de las propias lindes y ejercitar la liberalidad, así llamada no porque se deba a los libres, sino porque procede de un alma libre. En el caso del sabio, nunca se impone a gente vergonzosa e indigna, ni nunca anda tan agotada como para que no fluya, como si estuviese rebosante, cada vez que encuentre a gente digna.

[4] No hay, pues, razón para que interpretéis de manera retorcida lo que dicen los amantes de la sabiduría con honestidad, valor y pasión. Y escuchad en primer lugar esto: una cosa es un amante de la sabiduría, otra el que ya ha alcanzado la sabiduría. Aquel te dirá: «Hablo muy bien, pero aún ando tropezando entre múltiples males. No tienes que exigirme en función de mi teoría: precisamente ahora me estoy haciendo, me estoy formando e intento elevarme hacia un modelo inconmensurable; si consiguiera avanzar todo lo que me he propuesto, exígeme que mis actos sean congruentes con mis palabras». Pero el que ya ha conseguido el más alto grado del bien humano tratará contigo de otra forma y dirá: «Para empezar, no hay razón para que te permitas opinar sobre los mejores; en lo que a mí atañe, ya se me ha dado el caso de contrariar a los malos, algo que es testimonio de mi rectitud. [5] Con todo, para rendirte unas cuentas que no niego a ningún mortal, escucha lo que prometo y en cuánto estimo cada cosa. Niego que las riquezas sean un bien, pues, si lo fuesen, harían buena a la gente; ahora, como lo que se infiere de los malos no puede ser llamado bien, les niego este nombre. Por lo demás, admito que hay que poseerlas, que son útiles y aportan grandes ventajas a la vida.

¿Qué diferencia al sabio del resto de personas?

XXV. [1] Escuchad entonces por qué razón no las cuento entre los bienes y por qué me distingo de vosotros en lo relativo a ellas, porque hay acuerdo entre ambos de que deben poseerse. Ponme en la casa más rica, ponme donde sean de uso común el oro y la plata: no me admiraré por cosas que, aunque estén en mi casa, sin embargo, están fuera de mí. Llévame al Puente Sublicio y arrójame entre los menesterosos: no por ello sentiré desprecio hacia mí mismo, por el hecho de estar sentado entre aquellos que extienden la mano por una moneda. ¿Qué importa que le falte un pedazo de pan al que no le falta la posibilidad de morir? ¿Qué pasa entonces? Que prefiero aquella casa magnífica al puente.

[2] Ponme en medio de un ajuar extraordinario y una refinada pompa: en modo alguno me consideraré más dichoso por tener un manto delicado, porque la púrpura cubra el suelo que pisan mis invitados. Cambia la cubierta de mi lecho: en absoluto seré más desdichado si mi agotada espalda descansa sobre un manojo de heno, si me acuesto sobre un camastro de circo al que se le sale el relleno por las costuras de su raída tela. ¿Qué pasa entonces? Que prefiero mostrar cuál es mi alma vestido con la toga pretexta y <***> antes que con los hombros desnudos o <***>. [3] Que todos los días transcurran según mis deseos, que nuevas alegrías se sumen a las anteriores: no por eso voy a estar más satisfecho. Cambia en sentido contrario esta bonanza de las circunstancias, que por doquier mi alma se vea golpeada por una pérdida, un pesar, ataques de diferente tipo, que no haya ninguna hora sin algún lamento: no por ello voy a decir que soy

desdichado en medio de las más desdichadas circunstancias, no por ello abominaré de ningún día; y es que he tenido la previsión de que ningún día sea aciago para mí. ¿Qué pasa entonces? Que prefiero atemperar mis gozos antes que reprimir mis dolores».

[4] El célebre Sócrates te dirá esto: «Hazme vencedor de los pueblos del universo mundo, que el elegante carro de Líber me lleve en triunfo desde donde nace el sol hasta Tebas, que los reyes me pidan las leyes: pensaré por encima de todo que soy un ser humano cuando por doquier sea aclamado como un dios. Une a este excelso encumbramiento un repentino cambio; que se me coloque en unas andas extranjeras para adornar el desfile triunfal de un vencedor soberbio y feroz: no avanzaré siendo más despreciable bajo el carro de otro que cuando iba en pie en el mío. ¿Qué pasa entonces? Que prefiero ser vencedor antes que ser cautivo. [5] Despreciaré el reino entero de la fortuna, pero me quedaría con lo mejor de él si se me diera a elegir. Todo lo que me acaezca se tornará en un bien, pero prefiero que me acaezcan cosas más llevaderas y agradables y que vayan a atormentar menos al que las gestiona. No tienes por qué considerar que hay alguna virtud que no requiera esfuerzo, pero algunas virtudes necesitan de un acicate, mientras otras de un freno.

[6] De la misma manera que el cuerpo tiene que ser retenido en una pendiente y, por el contrario, empujado en una cuesta, así también algunas virtudes están en una pendiente, otras suben una pendiente. ¿Hay acaso duda de que ascienden, se esfuerzan, luchan la paciencia, la fortaleza, la perseverancia y cualquier otra virtud que le haga frente a la adversidad y domeñe a la fortuna? [7] ¿Entonces, qué? ¿No es, acaso, igualmente obvio que

van cuesta abajo la generosidad, la templanza, la benevolencia? En este caso retenemos el alma para que no se resbale, en aquel lo animamos y lo espoleamos enérgicamente. Por consiguiente, aplicaremos a la pobreza las más valerosas, que saben luchar, a las riquezas las más cuidadosas, que van de puntillas y se mantienen en equilibrio. [8] Como quiera que está así estructurado, prefiero poner en práctica las que se ejercitan con más calma, antes que esas otras cuya práctica implica sangre y sudor. Por tanto —dice el sabio— yo no vivo de forma diferente a como hablo, sino que vosotros lo oís de otra forma; solo llega a vuestros oídos el sonido de las palabras: no intentéis averiguar qué significan».

XXVI. [1] «¿Cuál es, entonces, la diferencia entre yo, necio, y tú, sabio, si uno y otro queremos poseer?». Muchísima, pues las riquezas en manos del hombre sabio son esclavas, en manos del necio, dominadoras; el sabio no les consiente nada a las riquezas, a vosotros las riquezas, todo; vosotros, como si alguien os hubiese garantizado su sempiterna posesión, os acostumbráis y vinculáis a ellas, el sabio reflexiona sobre la pobreza precisamente cuando está en medio de riquezas. [2] Nunca el general confía en la paz hasta el punto de no prepararse para una guerra que, aunque no se lleve a cabo, está declarada; a vosotros una casa hermosa, como si no pudiera arder o derrumbarse, os ensoberbece; a vosotros los bienes, como si estuvieran más allá de todo peligro y los considerarais demasiado grandes como para que la fortuna tenga suficientes fuerzas para acabar con ellos, os dejan atónitos. [3] Ociosos jugáis con las riquezas y no prevéis el peligro que implican, igual que muchas veces los bárbaros asediados y desconocedores de la maquinaria bélica contemplan indiferentes la actividad de los sitiadores y no entienden a qué viene todo aquello que están construyendo a lo lejos. Lo mismo os pasa a vosotros: os marchitáis rodeados de vuestras pertenencias y no pensáis en cuántas circunstancias azarosas las amenazan por doquier, prestas a llevarse inmediatamente unos valiosos despojos. Quienquiera que se lleve las riquezas del sabio le dejará todo lo suyo, pues vive contento con lo presente, despreocupado de lo por venir.

[4] Dice el célebre Sócrates, o algún otro que sienta la misma inclinación por las cosas humanas y que tenga la misma autoridad: «De nada estoy más convencido que de no plegar el devenir de mi vida a vuestras opiniones. Reunid de todas partes las palabras habituales: pensaré no que me estáis insultando, sino que gimoteáis como niños desdichadísimos». [5] Esto dirá aquel a quien ha correspondido la sabiduría, a quien su alma inmune a los defectos ordena increpar a los demás, no porque los odie, sino para corregirlos. Añadirá: «La opinión que de mí tenéis no me afecta por mí, sino por vosotros, porque odiar <***> y acosar a la virtud implica la renuncia a la buena esperanza. En modo alguno me ofendéis, pero tampoco a los dioses quienes derriban sus altares. Eso sí, vuestra malquerencia y malos propósitos se evidencian incluso donde no pudo hacer daño. [6] Vuestros despropósitos los tolero de la misma manera que Júpiter Óptimo Máximo las majaderías de los poetas, de los cuales uno le ha puesto alas, otro cuernos, otro lo presenta como adúltero y pasando las noches fuera de casa, otro cruel para con los dioses, otro injusto para con los hombres, otro como raptor de hombres libres e incluso de parientes, otro como parricida y usurpador de un reino ajeno, de su padre. No se ha conseguido con todo esto

más que quitar la vergüenza de obrar mal a los seres humanos, en el caso de que hubiesen llegado a creer en semejantes dioses.

[7] Pero, aunque estas cosas no me afecten en absoluto, sin embargo, os doy un consejo por vuestro bien: admirad la virtud, confiad en los que, tras seguirla mucho tiempo, proclaman en alta voz que siguen algo grande que se muestra mayor cada día que pasa, veneradla a ella como a los dioses, y a quienes la profesan como si fueran sacerdotes, y cada vez que se haga mención a los escritos sagrados, favorecedla con un respetuoso silencio. Esa palabra no procede, como cree la mayoría, de "favor", sino que ordena silencio para que pueda celebrarse de forma íntegra el oficio religioso según el rito, sin que ninguna palabra ofensiva lo interrumpa; es mucho más necesario ordenároslo a vosotros para que, cuando haya alguna revelación de aquel oráculo, la oigáis con atención y en silencio. [8] Cuando alguien, mientras agita el sistro, miente porque se le ordena, cuando alguien, ducho en sajarse los músculos, ensangrienta sus brazos y hombros con la mano en alto, cuando una mujer, arrastrándose sobre sus rodillas por la calle, da alaridos y un viejo, vestido de lino portando a plena luz del día un laurel y una lámpara, grita que un dios está encolerizado, vais corriendo, escucháis y, alimentando unos a otros vuestro estupor, aseguráis que es un ente divino».

XXVII. [1] Hete aquí que Sócrates, desde aquella cárcel que purificó al entrar en ella y convirtió en más honesta que la curia, proclama: «¿Qué locura es esa, qué índole esa, enemiga de los dioses y los seres humanos: desacreditar las virtudes y profanar lo sagrado con palabras llenas de maldad? Si podéis, alabad a los buenos, si no, pasad a otra cosa; si os parece bien ejercitar ese repugnante desenfreno, atacaos los unos a los otros. En efecto, cuando enloquecéis contra el cielo, no os digo que estéis cometiendo un sacrilegio, sino que estáis perdiendo el tiempo.

[2] Yo, en alguna ocasión, he proporcionado a Aristófanes material para sus chanzas, toda aquella multitud de comediógrafos ha arrojado contra mí sus chistes envenenados: mi virtud ha quedado patente precisamente gracias a aquello con lo que era atacada; le conviene salir a escena y ser puesta a prueba y no hay nadie que entienda mejor cuán grande es que aquellos que al hostigarla comprobaron su fortaleza, pues nadie conoce mejor la dureza del pedernal que quienes lo golpean. [3] Me presento no de otra manera que como una roca aislada en un mar poco profundo a la que las olas, impulsadas de acá y allá, no dejan de azotar, y no por ello la desplazan de su sitio o la desgastan con sus frecuentes ataques a lo largo de los tiempos. Saltad sobre mí, atacadme: os venceré soportándolo. Todo lo que se arroje contra algo resistente e inexpugnable ejerce su fuerza en su propio perjuicio. Buscad, pues, algo que sea blando, que pueda ceder, sobre lo que puedan clavarse vuestros dardos.

[4] ¿Os sobra tiempo para indagar en las desgracias ajenas y opinar sobre la gente? "¿Por qué este filósofo vive en una casa tan amplia? ¿Por qué este cena tan suntuosamente?". ¿Ponéis vuestra atención en los granos ajenos, vosotros que estáis llenos de úlceras? Esto es como si se burlara de los lunares y verrugas de cuerpos bellísimos uno que está devorado por una asquerosa sarna. [5] Reprochad a Platón que pidiera dinero, a Aristóteles que lo aceptara, a Demócrito que lo haya despreciado, a Epicuro que se lo haya gastado; echadme en cara a mí mismo a Alcibía-

des y Fedro, vosotros que sois especialmente dichosos cuando os ha tocado en suerte imitar nuestros vicios. [6] ¿Por qué no examináis mejor vuestros males, que os abruman por todas partes, unos abriéndose paso desde el exterior, otros ardiendo en vuestras propias entrañas? Los asuntos humanos, incluso aunque conozcáis poco vuestra situación, no están como para que os sobre el tiempo suficiente para agitar la lengua hablando mal de los mejores.

XXVIII. [1] Vosotros no lo entendéis y tenéis un semblante que no cuadra con vuestra fortuna, como muchos en cuya casa, mientras están sentados en el circo o el teatro, ha entrado la muerte y aún no se les ha anunciado la desgracia. Ah, pero yo, mirando atentamente desde lo alto, veo qué tempestades os amenazan a punto de reventar sus nubarrones, o cuáles próximas están bien cerca para arrastraros a vosotros y todo lo vuestro. ¿Qué más? ¿Acaso en este preciso momento, aunque apenas os deis cuenta, no voltea vuestras almas un torbellino y las atrapa mientras huyen y buscan eso mismo, y ora elevados a lo más alto ora precipitados al abismo <***>?».

San Agustín de Hipona
El maestro

El diálogo *De magistro*

San Agustín escribe el diálogo *El maestro* (*De magistro*) en su ciudad natal de Tagaste en el año 389, a la que regresó tras la renuncia a la cátedra de retórica de Milán, provocada por su conversión definitiva al cristianismo y su bautismo.

Se trata de una conversación, que muy posiblemente tuvo lugar de verdad, con su hijo Adeodato, nombre parlante que se podría traducir por *Concedido por Dios*. San Agustín lo escribió poco después del fallecimiento del muchado intentanto reconstruir de memoria toda la escena. En las *Confesiones* menciona a Adeodato: es un chico muy inteligente, por encima de la media, que ha terminado ya la educación del *grammaticus*, que sabe leer, por tanto, a los clásicos, pero que debe descubrir aún el verdadero sentido de la vida:

> Se vino también con nosotros mi hijo natural Adeodato, nacido del pecado. Tú habías sido bueno con él. Tenía casi quince años y era más listo que muchos de los eminentes sabios. Reconozco en él tus dones, Señor Dios mío, creador de todas las cosas, capaz de corregir mis errores. Y es que aquel niño no había heredado de mí más que el pecado. Eras tú, y nadie más, el que me inspiraba la doctrina cristiana con la que alimentaba su alma. Reconozco en él tus dones. Los diálogos de mi libro *El maestro* son precisamente con él. Bien sabes tú que todos los razonamientos que expresa él allí son solo suyos, y con no más de dieciséis años. Tuve ocasión de contemplar alguna que otra

maravilla. Tenía tal inteligencia que daba hasta miedo (San Agustín, *Confesiones* 9,4,16).

La crítica es común al admitir que el diálogo presenta una triple naturaleza. Por una parte, filosófica, porque uno de sus argumentos principales es la investigación sobre el lenguaje; por otra, pedagógica, porque las palabras, objeto del estudio, sirven para aprender, y, en última instancia, teológica, porque solo logramos aprender gracias al maestro interior, que no es otro que Dios en la figura de Jesucristo, el Verbo encarnado. Solo el aprendizaje verdadero de este maestro interior nos llevará al conocimiento.

Sin embargo, no hay acuerdo sobre si se puede dividir el diálogo en dos o tres partes. Lo único cierto es que hay una primera, que es la que traducimos aquí, que finaliza claramente cuando Adeodato afirma, «Parece que hemos llegado a destino» y que consiste en unos ejercicios gramaticales para el conocimiento y recto uso de la lengua. Solo encontramos dos interlocutores, no hay narración o exposición. Es un diálogo al estilo platónico (que durante mucho tiempo pareció la forma más adecuada para la filosofía) donde se procede de lo inferior a lo superior, de lo sensible a lo inteligible. La mayéutica socrática, es decir, el juego de preguntas y respuestas entre maestro y alumno, ayuda al discípulo a seguir el razonamiento y sustituye a la exposición teórica.

El resto del diálogo, con independencia de si son dos partes o una sola, es mucho más profundo espiritualmente y en él podrá encontrar el lector la exposición de la verdad fundamental a la que se quiere llegar con la obra: la existencia del maestro interior. Es el propio santo quien explicita su contenido en una referencia que hace a este diálogo en otra obra:

> En aquellos días escribí un libro titulado *El maestro* en el que se discute, se investiga y se llega a la conclusión de que no es maestro el hombre que nos enseña, sino Dios, según está escrito en el Evangelio: *Uno solo es vuestro Maestro, Cristo* (San Agustín, *Retractaciones* 1,12).

Según san Agustín, tres son los elementos que conforman el proceso educativo: el maestro exterior humano (el que interviene en nuestra primera parte), el maestro interior divino, Cristo, como él mismo afirma, y, en último lugar, el discípulo.

El diálogo comienza explicando la diferencia entre las dos funciones principales del lenguaje, enseñar y recordar, donde son claras las reminiscencias platónicas, aunque también son importantes las diferencias. Para el filósofo griego el recuerdo tiene su explicación por la preexistencia de las almas que vienen a este mundo con un cierto conocimiento, mientras que, para el obispo, obviamente, no hay preexistencia, sino que algunas verdades se hallan en cavidades muy recónditas de la memoria que se identifican con lo más profundo del alma. En el libro X de las *Confesiones*, que tiene por tema la memoria precisamente, se refiere a su alma como un "depósito" de recuerdos:

> Me digo a mí mismo «voy a hacer esto y luego lo otro» en ese enorme depósito de mi alma lleno de imágenes de tantos y tan grandes recuerdos y luego, efectivamente, voy y lo hago (San Agustín, *Confesiones* 10,14).

Aborda también esta primera parte del diálogo el concepto de signo, porque toda palabra es signo, pero no todo signo es palabra. Pero cuidado, una cosa son los signos y otra lo que "el signo significa" (*El maestro* 8,24). Los signos son, pues, la base del lenguaje y mediante ellos se transmite al aprendiz, pero estos no comunican nada si la otra parte del proceso comunicativo no las entiende y el proceso solo tiene lugar en la intimidad de la mente. Las palabras son portadoras de cosas, porque son signos de esas mismas cosas e introducen, por tanto, en el alma las cosas mismas. Pero lo importante no es la palabra, sino su referencia a la realidad. La palabra externa es, pues, portadora de una realidad o *res* (cosa), pero hay otra realidad que es el *verbum mentis* o "palabra de la mente", es decir, el concepto generado por la inteligencia al oír esa palabra. Así las cosas, solo en la intimidad de la mente son finalmente comprendidas las palabras, porque la verdad no viene determinada por las palabras del exterior, sino por la Verdad interior, el Verbo encarnado o maestro interior. En resumen, solo es posible conocer la realidad exterior en el interior mismo del hombre.

En otra obra, un comentario a la *Carta de Juan a los Partos* resume y ejemplifica perfectamente el concepto base de este diálogo. Dejemos entonces que sea el propio san Agustín el que hable:

> El sonido de nuestras palabras reverbera en nuestros oídos, el maestro está dentro. No penséis que se puede aprender algo del hombre. Podemos aconsejar por medio del sonido de nuestra voz (*strepitus*), pero si dentro no hay nadie que enseñe, nuestro sonido se vuelve inútil. Así que, hermanos, ¿queréis conocer? ¿No habéis escuchado todos este discurso mío? ¿Cuántos saldrán de aquí sin haber entendido nada? Por lo que a mí respecta, he hablado a todos, pero a esos a los que la unción no les habla en su interior, esos a los que no les habla el Espíritu Santo, vuelven sin saber nada (San Agustín, *Carta de Juan a los Partos*, tratado 3, capítulo 13).

Aunque no sea la filosofía del lenguaje el argumento central del diálogo, por más que se hable del signo, conviene recordar que no era algo, ni mucho menos, nuevo en la historia de la filosofía. Los pitagóricos habían establecido la correspondencia entre las palabras y la naturaleza de las cosas, mientras que Demócrito había defendido la convencionalidad entre las palabras y los objetos que designan asignándolo al azar. Pero si algún filósofo se dedicó al lenguaje fue, sin duda, el sofista Pródico de Ceos (*ca.* 460-380 a.C.), coetáneo de Sócrates; de hecho, está considerado como el precursor de la filosofía del lenguaje. Platón lo menciona en varias ocasiones en los diálogos *Protágoras* y *Eutidemo*, a propósito de su precisión en el uso del lenguaje y su dominio de los sinónimos. Mucho más cerca de san Agustín estaban los estoicos, que ya habían dividido los signos entre *evocativos* e *indicativos*, distinción que se sigue en este diálogo. Para ellos el signo es aquello que "parece revelar algo", por lo que se hacen necesarios dos elementos: el antecedente, por ejemplo, el humo, y el consecuente, el fuego. Los evocativos nos llevan al conocimiento de lo que ocasionalmente no es patente para los sentidos (el fuego que no vemos a partir del humo), mientras que los indicativos permiten inferir información que siempre está oculta a los sentidos, como la existencia del alma a partir de los movimientos del cuerpo. Además, de la lectura de ciertos textos de Sexto Empírico (*Contra los profesores* 7,11-12), la crítica piensa que podían ser ya plenamente conscientes de los tres niveles que intervienen en la concepción moderna del signo lingüístico, a saber, la fonética, la representación cognitiva y el referente, algo que también se intuye en la teoría agustiniana cuando habla de *strepitus* (sonido de la voz), *verbum mentis* (palabra de la mente, es decir, concepto) y *res* (cosa o realidad).

El maestro (1,1-6,18)

Cuando hablamos, ¿enseñamos o recordamos?

1.1. AGUSTÍN: ¿Qué intención crees que tenemos cuando hablamos?

ADEODATO: Ahora mismo se me ocurren dos posibilidades: o aprender o enseñar.

AGUSTÍN: Una de ellas la veo clara y estoy de acuerdo, pues resulta obvio que queremos enseñar cuando hablamos. Pero ¿aprender? ¿A qué te refieres?

ADEODATO: ¿Cómo va a ser sino dialogando?

AGUSTÍN: Aun así, entiendo que nuestra única pretensión es enseñar. Te pregunto si hay alguna otra razón para dialogar que no sea enseñarle a la persona con la que dialogas qué es lo que quieres.

ADEODATO: Tienes razón.

AGUSTÍN: Ves, entonces, que no hay más razón para hablar que la de enseñar.

ADEODATO: No lo veo claro del todo, porque si hablar no es más que pronunciar una serie de palabras, veo que también lo hacemos cuando cantamos. Cuando lo hacemos nosotros solos sin necesidad de que haya nadie que aprenda, no creo que queramos enseñar nada.

AGUSTÍN: Pero creo que hay un tipo de enseñanza por medio de la memoria y, muy importante, que se hará evidente a lo largo de nuestro diálogo. Pero si no piensas que aprendemos cuando recordamos ni que aprende aquel que recuerda, no te pondré objeciones; establezco ahora mismo dos razones para hablar: para aprender o para evocar el recuerdo tanto a otros como a nosotros mismos, cosa que hacemos cuando cantamos, ¿o no te lo parece?

ADEODATO: No del todo, pues me parece bastante extraño cantar para recordar y no solo por puro entretenimiento.

AGUSTÍN: Veo por dónde vas. Pero ¿no te das cuenta de que lo que te gusta del canto es la modulación del sonido? Y como se le puede añadir o quitar a las palabras, una cosa es hablar, otra cantar. Porque se puede cantar tanto con la flauta como con la cítara, y también cantan las aves y a veces nosotros hacemos sonar una melodía sin necesidad de palabras, sonido al que se puede llamar canto, pero no habla. ¿Tienes alguna objeción?

ADEODATO: Claramente ninguna.

Se puede rezar sin hablar

1.2. AGUSTÍN: ¿Te parece, entonces, que la única finalidad del habla es aprender o recordar?

ADEODATO: Me lo parecería si no fuera porque me inclino a pensar que hablamos cuando rezamos. Y, sin embargo, no me puedo creer que le podamos enseñar o hacerle recordar nada a Dios.

Agustín: Creo que ignoras que se nos ha mandado (Mateo 6,6) rezar en habitaciones cerradas para expresar lo más íntimo del alma, sobre todo, porque Dios no pretende que le enseñemos o le recordemos con nuestra conversación que nos conceda lo que deseamos. Cuando hablamos estamos mandando al exterior el sentido de nuestra voluntad por medio de la articulación de sonidos. Hay que buscar y rogar a Dios en la parte más secreta del alma racional, lo que se llama el hombre interior; Él quiso que este fuera su templo. ¿No has leído las palabras del apóstol? *¿No sabéis que sois templo de Dios y que el Espíritu de Dios habita en vosotros* (1 Corintios 3,16) *y que Cristo habita en vuestro interior?* (Efesios 3,17). Tampoco has reparado en lo que dijo el profeta: *Hablad en vuestros corazones y doleos en vuestras habitaciones: sacrificad un sacrificio de justicia y esperad en el Señor* (Salmos 4,5-6). ¿Dónde crees que se puede hacer un sacrificio de justicia sino en el templo del alma y en las habitaciones del corazón? Donde se hace un sacrificio, allí hay oración. Por eso no necesitamos palabras cuando rezamos, quiero decir palabras que suenen, salvo, quizás, como hacen los sacerdotes, para mostrar nuestro pensamiento, pero no para que nos oiga Dios, sino los fieles, que llegarán mediante la unidad y el recuerdo hasta Dios. ¿Piensas otra cosa?

Adeodato: No, estoy de acuerdo en todo.

Agustín: ¿No te da que pensar que nuestro Maestro más grande les enseñara a sus discípulos una serie de palabras cuando les enseñó a rezar? (Mateo 6,9-13). Con ellas no parece que pretendiera otra cosa que no fuera enseñarles la necesidad de hablar cuando rezamos.

ADEODATO: No, en absoluto, porque no les enseñó las palabras, sino los propios conceptos por medio de palabras con las que también ellos mismos debían recordar a quién y qué rezar cuando lo hicieran en lo profundo de sus almas, como se ha dicho.

AGUSTÍN: Lo has entendido correctamente. Al mismo tiempo creo que has caído en la cuenta de que, a pesar de las reticencias de algunos, aunque no profiramos sonido alguno, sin embargo, hablamos en nuestro interior cuando pensamos esas mismas palabras. De la misma manera hablar no es más que recordar: la memoria revuelve las palabras que tiene dentro y hace llegar a la mente los propios conceptos cuyos signos son las palabras.

ADEODATO: Lo entiendo y estoy de acuerdo.

Las palabras son signos

2.3. AGUSTÍN: Entonces tenemos claro que las palabras son signos.

ADEODATO: Eso es.

AGUSTÍN: ¿Qué es un signo? ¿Puede haber un signo que no signifique nada?

ADEODATO: No puede.

AGUSTÍN: ¿Cuántas palabras hay en este verso? *Si los dioses no quieren dejar nada de esta gran ciudad* (Virgilio, *Eneida* 2,659)?

ADEODATO: Once.

AGUSTÍN: Entonces hay once signos.

ADEODATO: Así es.

AGUSTÍN: Creo que entiendes el verso.

ADEODATO: Bastante, creo.

AGUSTÍN: Explícame qué significa cada una de las palabras.

ADEODATO: Entiendo qué significa "si", pero no le encuentro ningún sinónimo.

AGUSTÍN: ¿Al menos sabes qué significa esta palabra con independencia de dónde esté?

ADEODATO: Me parece que "si" indica duda: ¿dónde puede habitar la duda sino en el alma?

AGUSTÍN: Entendido, vamos con las demás.

ADEODATO: "Nada": ¿qué más puede significar sino lo que no existe?

AGUSTÍN: Quizás tienes razón, pero recuerdo que hace un momento acordamos que no hay signo que no signifique nada; entonces, es imposible que sea algo lo que no existe. Por eso, esta palabra del verso no es un signo, porque no significa nada; nuestra teoría de que todas las palabras son signos o de que todo signo significa algo se asienta en una falsedad.

ADEODATO: Me estás acorralando muy rápido; cuando no tenemos nada que decir, es una solemne tontería pronunciar palabra alguna; sin embargo, cuando tú estás hablando ahora conmigo, creo que no emites ningún sonido a lo tonto, sino que con cada palabra que sale de tu boca me presentas un signo que me dará a entender algo; por eso, no es preciso que digas en alto esas dos sílabas cuando hablas si no quieres significar nada con ellas. Si, por el contrario, ves que la dicción es necesaria y que nos enseñan o nos hacen recordar algo cuando resuenan en nuestros oídos, verás también, sin duda, qué es lo que quería decirte, pero no consigo explicarte.

AGUSTÍN: ¿Qué hacemos entonces? ¿Decimos que con esta palabra significamos más que el propio concepto, que no existe, un estado de la mente cuando no se ve el concepto y, sin embargo, descubre, o cree descubrir, que no existe?

ADEODATO: Quizás es esto lo que yo intentaba desarrollar.

AGUSTÍN: Salgamos de esta, como sea, para no caer en el absurdo.

ADEODATO: ¿En cuál?

AGUSTÍN: Si "nada" nos retiene, ¿por qué perdemos el tiempo?

ADEODATO: Sin duda es una situación ridícula y, sin embargo, no sé cómo, pero veo que puede pasar; mejor dicho, veo claramente que ya está pasando.

Las palabras son signos con los que indicamos otros signos

2.4. AGUSTÍN: Entenderemos mejor esta contrariedad a su tiempo, si Dios quiere: ahora fíjate en aquel verso e intenta, si puedes, desarrollar el significado de las palabras que quedan.

ADEODATO: La siguiente palabra es "de", pero también habríamos podido poner en su lugar "desde".

AGUSTÍN: No pretendo que sustituyas una palabra muy frecuente por otra igual de frecuente para decir lo mismo, si es que significan lo mismo. Con todo, concedamos que es así. Si este poeta, en lugar de decir *de esta ciudad tan grande*, hubiera dicho *desde esta tan grande*, te habría preguntado por el significado de la palabra "desde" y tú me habrías contestado "de", porque estas dos palabras, es decir, signos, comparten un mismo significado, según crees: ahora bien, yo quiero saber cuál es ese único significado que expresan estos dos signos.

ADEODATO: Me parece que significa la separación de una cosa en la que había algo que se supone procedía de ella; puede ser que esa realidad ya no exista, como en este verso, porque ya no queda nada de la ciudad, aunque sigue habiendo algunos troyanos; pero también puede ser que siga existiendo, como pasa si decimos que en África hay comerciantes procedentes de la ciudad de Roma.

AGUSTÍN: Te concedería que es así si no fuera posible enumerar la cantidad enorme de casos que, quizás, no encajan en esta regla tuya; es fácil caer en la cuenta de que has explicado palabras con palabras, es decir, signos con signos, unos y otros bien conocidos. Pero lo que yo quiero que me muestres, si puedes, son los propios conceptos de los que son signos.

Las palabras significan conceptos

3.5. ADEODATO: Me asombra que ignores, o más bien que simules ignorar, que de ninguna manera mi respuesta puede dar satisfacción a lo que pretendes. Estamos en mitad de una conversación en la que no podemos responder más que con palabras. Pero tú buscas esos conceptos que, sea lo que sean, está claro que no son palabras y que tú, no obstante, me pides que te los explique con palabras. Así que, primero, pregúntame tú sin palabras, que yo luego te contestaré de la misma manera.

AGUSTÍN: Te defiendes de buena ley, lo reconozco; pero si te preguntara qué significan estas dos sílabas que forman la palabra "pared", ¿no podrías señalar con el dedo para que yo viera el propio concepto cuyo signo es esta palabra bisílaba? Simplemente tendrías que señalar, no haría falta que pronunciaras palabra alguna.

ADEODATO: Esto pasa solo en los nombres que designan cuerpos físicos, siempre y cuando tengamos delante esos mismos cuerpos.

AGUSTÍN: ¿Se puede decir que el color es lo mismo que el cuerpo o es más bien solo una cualidad del cuerpo?

ADEODATO: Lo segundo.

AGUSTÍN: Entonces, ¿por qué podemos señalar también el color con el dedo? Si le añades al cuerpo las cualidades de los cuerpos, ¿podrían enseñarse también ellas sin palabras cuando están presentes?

ADEODATO: Cuando me refería a los cuerpos, quería decir todo lo que es corporal, es decir, todas las cosas que se perciben porque tienen cuerpo.

AGUSTÍN: Considera, no obstante, si debes excluir algo del razonamiento.

ADEODATO: Gracias por el consejo: no debí decir todo lo que es corporal, sino todo lo que es visible. Reconozco que el sonido, el olor, el sabor, el peso, el calor y todas las otras variables que hacen referencia a los demás sentidos, a pesar de que es imposible percibirlas fuera de un cuerpo, y por ende son corporales, sin embargo, no las podemos señalar con el dedo.

AGUSTÍN: ¿No has visto nunca que prácticamente se puede mantener una conversación con una persona sorda mediante gestos y que los propios sordos preguntan, responden, enseñan y dan a entender con esos mismos gestos todo lo que quieren o, al menos, casi todo? Y cuando lo hacen, no solo muestran sin palabras los conceptos que son visibles, sino también sonidos y sabores y demás cualidades de este tipo. Lo cierto es que también los actores de mimo son capaces de mostrarnos y representar toda una pieza de teatro bailando sin emitir una sola palabra.

ADEODATO: No tengo ningún argumento en contra, salvo que no solo yo, sino que ninguno de esos mimos bailarines te podría explicar sin palabras qué significa aquel "de".

También designamos conceptos mediante acciones

3.6. AGUSTÍN: Quizás tienes razón, pero supongamos que uno de esos sí puede; creo que no tienes duda de que cualquier movimiento del cuerpo con el que se intente demostrar el concepto que designa esta palabra no será el propio concepto, sino un signo. Por eso, aquí tampoco se indicará una palabra con una palabra, sino un signo a partir de otro signo, de modo que este monosílabo "de" y el gesto correspondiente designarán ese único concepto que yo quiero que se me muestre sin necesidad de un signo.

ADEODATO: ¿Hay alguien capaz de hacer lo que pides?, me pregunto yo.

AGUSTÍN: Igual que hicimos con el término "pared".

ADEODATO: No podemos referirnos a la pared sin un signo, según ha evidenciado el avance de nuestro razonamiento, porque la señal con el dedo no es ni mucho menos la pared, sino la señal que se hace para que se pueda ver la pared. Así pues, me parece que no se puede señalar nada sin recurrir a un signo.

AGUSTÍN: ¿Qué pasaría si te preguntara qué significa caminar? ¿Te levantarías y harías el gesto? ¿Es que no estarías usando el propio concepto antes que las palabras o algún otro signo para explicármelo?

ADEODATO: Reconozco que es así y me avergüenza no haberme percatado de una cosa tan obvia; se me ocurren miles de conceptos como este que se pueden enseñar por sí mismos, sin necesidad de signos: comer, beber, sentarse, estar de pie, gritar y muchísimos más.

AGUSTÍN: Venga, ahora dime: si desconociera por completo el significado de la palabra y te preguntara qué significa caminar mientras estás caminando, ¿cómo me lo enseñarías?

ADEODATO: Haría la misma acción, pero un poco más rápida para que percibieras algún cambio a propósito de tu pregunta; y, con todo, no estaría haciendo nada distinto de lo que debía mostrarte.

AGUSTÍN: ¿Tienes claro que una cosa es caminar y otra ir deprisa? Resulta que, si caminas, no vas deprisa, y si vas deprisa, no necesariamente estarás caminando: nos podemos dar prisa no solo cuando escribimos, sino también cuando leemos y cuando llevamos a cabo muchas otras acciones; por eso, si en respuesta a mi pregunta comienzas a hacer más rápido lo mismo que estabas haciendo, podría pensar que caminar es exactamente lo mismo que ir deprisa: la novedad que le has añadido me ha inducido al error.

ADEODATO: Reconozco que no podemos mostrar el concepto sin un signo si nos preguntan por esa misma acción que estamos llevando a cabo: si no añadimos nada, la persona que nos pregunta pensará que no se lo queremos enseñar y que la ignoramos porque seguimos haciendo lo mismo. Pero si me preguntara sobre una acción que puedo llevar a cabo, pero no lo hiciera en el momento exacto en el que la ejecuto, podremos enseñársela más con el concepto que con un signo poniéndola en práctica como respuesta a su pregunta, a menos que diera la casualidad de que me preguntara qué significa hablar mientras estoy hablando; por fuerza tendré que hablar para mostrarle cualquier cosa que quiera decir. Se lo enseñaré seguro de lo que hago hasta que le quede claro lo que pregunta, sin dejar de hablar, que es lo que ha querido que le explique, ni tampoco buscando más allá del habla otros signos con los que explicárselo.

La distribución de los signos es tripartita

4.7. AGUSTÍN: Una reflexión muy aguda, por eso, comprueba si estamos de acuerdo entre nosotros en poder demostrar sin necesidad de signos aquellas acciones que o bien no estamos realizando cuando nos preguntan, pero que podemos comenzar al instante, o bien llevamos a cabo esos mismos signos. Lo cierto es que cuando hablamos llevamos a la práctica los signos, de donde viene precisamente el verbo "significar".

ADEODATO: Estamos de acuerdo.

AGUSTÍN: Cuando se pregunta por un determinado tipo de signos, esos signos se pueden mostrar con otros signos, pero cuando se pregunta por acciones de las que no hay signos, o bien se ponen en práctica, si es posible, como respuesta a la pregunta, o bien se ofrecen signos con los que percibir dichas acciones.

ADEODATO: Así es.

AGUSTÍN: Por tanto, debemos considerar en primer lugar, si te parece, dentro de esta triple clasificación, los signos que se muestran por medios de otros signos: ¿es que solo son signos las palabras?

ADEODATO: No.

AGUSTÍN: Me parece, entonces, que cuando hablamos designamos con palabras o bien las propias palabras o bien otros signos, como cuando decimos "gesto" o "letra", y es que lo que designamos con estas dos palabras son signos; pero también podemos designar cualquier otra cosa que no sea un signo, como cuando decimos "piedra": esta palabra es un signo, porque designa algo, pero lo que designa no es necesariamente un signo. Sin embargo, este tipo, es decir, cuando designamos con palabras conceptos que no son signos, no se corresponde con esta parte que nos hemos propuesto discutir. Hemos tomado la decisión de considerar los signos que se muestran con otros signos, y hemos descubierto que hay dos posibilidades: cuando enseñamos o hacemos recordar con signos puede tratarse de los mismos signos o bien de otros. ¿No te parece?

ADEODATO: Está claro.

Los signos designan tanto conceptos como otros signos

4.8. AGUSTÍN: Entonces, dime: ¿a qué sentido corresponden los signos que son palabras?

ADEODATO: Al oído.

AGUSTÍN: ¿Qué me dices de los gestos?

ADEODATO: A la vista.

AGUSTÍN: ¿Y qué pasa cuando encontramos palabras escritas? ¿Es que no son palabras o sería mejor entenderlas como signos de palabras? Se convierte en una palabra aquel signo que se pronuncia articulando la voz y está dotado de algún significado; la voz solo se puede percibir por medio del oído; es lo que pasa cuando se escribe una palabra: el signo toma forma ante nuestros ojos para que aquello que pertenece solo al oído llegue hasta nuestra mente.

ADEODATO: Estoy completamente de acuerdo.

AGUSTÍN: Creo que también estarás de acuerdo en que cuando decimos "nombre" estamos designando algo.

ADEODATO: Es cierto.

AGUSTÍN: Entonces, ¿a qué nos referimos?

ADEODATO: A todo lo que nombra algo, como "Rómulo", "Roma", "virtud", "río" y muchísimas otras cosas.

AGUSTÍN: ¿Es que estos cuatro nombres no designan conceptos?

ADEODATO: Claro que sí.

AGUSTÍN: ¿Es que no hay diferencia entre estos nombres y los conceptos que con ellos se designan?

ADEODATO: Al contrario, hay mucha diferencia.

AGUSTÍN: Me gustaría que me dijeras cuál.

ADEODATO: En primer lugar, que unos son signos y los otros no.

AGUSTÍN: ¿Te parece que llamemos "significable" a lo que se puede designar con signos, pero no son signos, igual que llamamos "visible" a lo que podemos ver, para discutir con mayor
comodidad?

ADEODATO: Adelante.

AGUSTÍN: ¿Entonces? Esos cuatro signos que acabas de mencionar, ¿no se pueden designar con ningún otro signo?

ADEODATO: Me sorprende que pienses que ya se me ha olvidado
que hemos descubierto que lo que escribimos es signo de los
signos que pronunciamos con la voz.

AGUSTÍN: Dime en qué se diferencian.

ADEODATO: En que unos son visibles y otros audibles. ¿Por qué
no admites también este nombre si hemos admitido "significable"?

AGUSTÍN: Claro que lo admito, y con mucho gusto. Pero me pregunto, además, si no podrían estos cuatro signos ser designa-
dos con ningún otro signo audible, como has recordado en el
caso de los visibles.

ADEODATO: Recuerdo que lo acabo de decir. Había contestado
que el nombre designa algo y que estas cuatro palabras están
bajo este significado; pero reconozco que tanto el nombre
como estas otras son audibles si se pronuncian con la voz

AGUSTÍN: Entonces, ¿qué diferencia hay entre un signo audible y
los significados audibles, que también son signos?

ADEODATO: Entre eso que llamamos "nombre" y estas cuatro palabras que están bajo su significado, veo que hay una dife-

rencia: nombre es un signo audible de signos audibles; sin embargo, las otras son signos audibles, pero no de signos, sino de conceptos, en algunos casos visibles, como Rómulo, Roma, río, y en otros inteligibles, como la virtud.

"Palabra" es un signo de valor genérico

4.9. AGUSTÍN: Lo acepto y le doy el visto bueno, pero ¿sabes que se llama "palabra" (*verbum*) a todo lo que se pronuncia mediante la articulación de la voz y tiene un significado?

ADEODATO: Sí.

AGUSTÍN: Entonces nombre también es una palabra cada vez que la pronunciamos mediante la articulación de la voz y tiene un significado. Y cuando decimos que un hombre elocuente usa buenas palabras, no hay duda de que también usa nombres y cuando en una comedia de Terencio el esclavo le dice a su anciano señor: *¡Buenas palabras, por favor!*, también ha pronunciado muchos nombres.

ADEODATO: Estoy de acuerdo.

AGUSTÍN: Admites, por tanto, que cuando pronunciamos "palabra" con estas tres sílabas designamos también el nombre y que por eso la primera es signo del segundo.

ADEODATO: Sí.

AGUSTÍN: Me gustaría que me respondieras también a esto. Si palabra es signo de nombre y nombre es signo de río, y río es signo del concepto que podemos ver, ya has explicado la diferencia que hay entre este concepto y río, es decir, su signo, y entre este signo y el nombre que es signo de este signo: ¿qué diferencia crees que hay entre el signo del nombre, que hemos descubierto que es la palabra, y el propio nombre del que es signo?

ADEODATO: Entiendo que la diferencia está en que lo que es designado por el nombre también es designado por una palabra; igual que nombre es una palabra, así también río es una palabra, pero no todo lo que se designa con una palabra puede ser designado también por un nombre. Es el caso de aquel "si" con el que empezaba el verso que me propusiste y de ese "de" sobre el que llevamos ya un rato hablando y hasta donde nos ha traído el razonamiento: son palabras, pero no son nombres; y hay muchos otros ejemplos de este tipo. Por eso, a pesar de que todos los nombres sean palabras, pero no todas las palabras sean nombres, creo que está claro que la diferencia entre una palabra y un nombre está en que la primera es signo de un signo que no designa otra cosa y el segundo es signo de un signo que, además, designa otra cosa.

AGUSTÍN: ¿Estás de acuerdo en que todos los caballos son animales, pero que no todos los animales son caballos?

ADEODATO: ¿Hay alguna duda?

AGUSTÍN: Entonces, la misma diferencia que hay entre "caballo" y "animal" es la que hay entre "nombre" y "palabra". A menos que no te haga desconfiar ese otro uso que le damos a *verbum* para designar los tiempos verbales, como "escribo, escribí, leo, leí", porque es evidente que no son nombres.

ADEODATO: Has mencionado precisamente lo que me hacía dudar.

AGUSTÍN: No debes preocuparte. Llamamos genéricamente signo a todo aquello que designa otra cosa, grupo al que pertenecen también las palabras. Así hablamos de "insignias militares" y las denominamos signos con toda propiedad, pero no tiene nada que ver con las palabras. Ahora bien, si te dijera que todos los caballos son animales, pero que no todos los animales son caballos, no creo que tuvieras ninguna duda en aceptar que todas las palabras son signos, pero que no todos los signos son palabras.

ADEODATO: Ahora lo entiendo y estoy de acuerdo en que existe la misma diferencia entre el valor genérico de "palabra" y de "nombre" que entre "animal" y "caballo".

Hay signos que se designan a sí mismos

4.10. AGUSTÍN: ¿Sabes también que, cuando decimos "animal", una cosa es el nombre de tres sílabas que pronunciamos con la voz y otra el concepto que designa?

ADEODATO: Ya te dije antes que estaba de acuerdo en lo referente a todos los signos y a los significables.

AGUSTÍN: ¿Te parece que todos los signos designan una cosa diferente a lo que son? Por ejemplo, cuando decimos este trisílabo, "animal", ¿designa solo un concepto diferente de sí mismo?

ADEODATO: No del todo, porque cuando decimos "signo" no solo estamos designando todos los demás signos, sino que también se designa a sí mismo. Es una palabra y hemos quedado en que todas las palabras son signos.

AGUSTÍN: Cuando decimos el trisílabo "palabra", ¿eso no implica nada? Porque si con este trisílabo se designa todo lo que se pronuncia mediante la articulación de la voz, incluso él mismo está incluido en ese grupo.

ADEODATO: Así es.

AGUSTÍN: ¿Es que no pasa lo mismo con "nombre"? También designa los nombres de otros géneros y el propio nombre es un nombre de género neutro. Y si te preguntara qué parte de la oración es el nombre, ¿no sería nombre la propia respuesta correcta?

ADEODATO: Tienes razón.

AGUSTÍN: Entonces, hay algunos signos que, además de las otras cosas que designan, se designan también a sí mismos.

ADEODATO: Sí.

AGUSTÍN: ¿No te parece que es el caso del trisílabo "conjunción"?

ADEODATO: En absoluto, porque lo que designa no es un nombre, aunque él sí lo sea.

Hay signos que se designan mutuamente

5.11. AGUSTÍN: Has estado muy atento. Ahora comprueba si es posible encontrar signos que se designen mutuamente, es decir que un signo designe a otro y ese otro al primero. No se da esta relación entre la mención del trisílabo "conjunción" y los conceptos que designa cuando decimos "si, o, pues, en efecto, a menos que, entonces, porque" y parecidos, porque ese trisílabo designa por sí solo a estos, pero ninguno de estos designa únicamente a ese trisílabo.

ADEODATO: Comprobado, pero quiero conocer cuáles son los signos que se designan mutuamente.

AGUSTÍN: Entonces, ¿es que no sabes que cuando decimos "nombre" y "palabra" estamos diciendo dos palabras?

ADEODATO: Lo sé.

AGUSTÍN: ¿Tampoco sabes que cuando decimos "nombre" y "palabra" estamos diciendo dos nombres?

ADEODATO: También lo sé.

AGUSTÍN: En consecuencia, sabes que "palabra" significa "nombre" y "nombre" significa "palabra" igualmente.

ADEODATO: Estoy de acuerdo.

AGUSTÍN: ¿Puedes decirme en qué se diferencian, salvo en que se escriben y se pronuncian de manera distinta?

ADEODATO: Quizás, sí; el caso es que veo la misma situación de antes. Cuando decimos palabras estamos designando mediante la articulación de la voz conceptos que tienen otro sentido; de ahí que todo nombre, incluso la propia mención de "nombre", sea una palabra, pero no toda palabra es un nombre, aunque sea un nombre cuando decimos "palabra".

"Nombre" es una palabra

5.12. AGUSTÍN: ¿Qué pasaría si alguien afirmara y probara que igual que todo nombre es una palabra también toda palabra fuera nombre? ¿Podrías descubrir en qué se diferencian dejando aparte la desemejanza de sonidos y letras?

ADEODATO: No, no podría y tampoco pienso que se diferencien en nada.

AGUSTÍN: Si todo lo que pronunciamos mediante la articulación de la voz y tiene un significado son tanto palabras como nombres, ¿son, sin embargo, palabras por un motivo y nombres por otro? ¿No habrá nada que diferencie al nombre de la palabra?

ADEODATO: No entiendo lo que me quieres decir.

AGUSTÍN: Pero, por lo menos entiendes esto: que todo lo que tiene color es visible y todo lo visible tiene color, aunque estas dos palabras designen dos cosas distintas y diferentes.

ADEODATO: Sí.

AGUSTÍN: ¿Qué pasa entonces si toda palabra es nombre y todo nombre palabra, a pesar de que estos dos mismos nombres, o dos palabras, es decir, nombre y palabra, tengan significados diferentes?

ADEODATO: Ahora veo que es posible, pero confío en que tú me muestres cómo.

AGUSTÍN: Te has dado cuenta, creo, de que todo lo que proferimos mediante la articulación de la voz y tiene un significado reverbera en el oído para su percepción y se manda a la memoria para su conocimiento.

ADEODATO: Sí.

AGUSTÍN: Entonces tienen lugar dos acciones cuando pronunciamos algo con esa articulación de la voz.

ADEODATO: Así es.

AGUSTÍN: ¿Por qué no llamar a uno de estos *verbum* (palabra) y a otro *nomen* (nombre)? *Verbum* viene de *reverberación* y *nomen* de *conocimiento*, de modo que el primero tomó su nombre del oído y el segundo de la inteligencia.

Todas las palabras sirven para significar

5.13. ADEODATO: Estaré de acuerdo cuando me hayas mostrado cómo podemos decir sin temor a equivocarnos que todas las palabras son nombres.

AGUSTÍN: Es sencillo porque creo que has entendido y aceptado que se llama pronombre a lo que sustituye al nombre, pero que indica un concepto con un significado menos pleno que el nombre. El caso es que, según creo, así lo definió el autor que has aprendido en la clase de gramática (Varrón, *De lingua Latina* 8,45): *El pronombre es aquella parte de la oración que se utiliza en lugar del nombre y que significa lo mismo que él, pero con un sentido menos pleno.*

ADEODATO: Lo recuerdo y lo reconozco.

AGUSTÍN: Ves, por tanto, que según esta definición los pronombres solo sirven en lugar de los nombres y para sustituirlos, por ejemplo, cuando decimos "este hombre, el mismo rey, esa misma mujer, este oro, aquella plata": "este, esto, aquello" son pronombres; "hombre, rey, mujer, oro, plata" son nombres que designan conceptos de forma mucho más plena que los pronombres.

ADEODATO: Lo veo y estoy de acuerdo.

AGUSTÍN: Entonces, dime ahora una serie cualquiera de conjunciones.

ADEODATO: "Y, pero, sin embargo".

AGUSTÍN: ¿No te parece que son nombres todas estas que has dicho?

ADEODATO: En absoluto.

AGUSTÍN: ¿Te parece, por lo menos, que yo he hablado bien cuando he dicho «todas estas que has dicho»?

ADEODATO: Bastante bien; ahora entiendo con cuánta habilidad me has mostrado que he dicho una serie de nombres: era imposible decirlo correctamente de otra manera: "todas estas". Pero aún temo que pueda parecer que has hablado bien porque no niego que estas cuatro conjunciones también son palabras: se puede decir correctamente "todas estas" y también "todas estas palabras". Si me preguntas qué parte de la oración es "palabras", solo podré decirte que es un nombre. Por eso, quizás, se le ha añadido a este nombre el pronombre, para que tu forma de hablar fuera la correcta.

Las enseñanzas del apóstol Pablo

5.14. AGUSTÍN: Tu agudeza te engaña, pero, para que dejes de engañarte, presta más atención a lo que voy a decirte, si es que soy capaz de expresarme como deseo, porque tratar sobre palabras con las propias palabras es tan complicado como enlazar los dedos y frotárselos unos con otros; salvo que seas tú mismo el que lo hace, no hay quien pueda saber qué dedos son los que se han irritado y cuáles son los que calman la irritación de los otros.

ADEODATO: Te sigo con todo mi ser, porque este símil me ha hecho prestar mucha más atención.

AGUSTÍN: Está claro que las palabras están constituidas de sonidos y de letras.

ADEODATO: Así es.

AGUSTÍN: Vamos a recurrir entonces a la mejor autoridad posible, esa que adoramos ambos. El apóstol Pablo dijo: *No fue sí y no, sino que en Él solo hubo sí* (2 Corintios 1,19). Pero, no creo que debamos pensar que estas dos letras que pronunciamos cuando decimos "sí" estuvieran en Cristo, sino obviamente el concepto que designan las dos letras.

ADEODATO: Tienes razón.

AGUSTÍN: Entiendes, por tanto, que cuando Pablo dijo *en Él solo hubo sí* lo que quería decir era que «se llama *sí* a lo que había en él», que equivale a decir: «La virtud está en él»; no tendría ningún sentido haber dicho otra cosa que no fuera que se llama virtud a lo que había en Él para no hacernos creer que lo que había en Él eran estas dos sílabas que pronunciamos cuando decimos "virtud" y no el concepto que designan las dos sílabas.

ADEODATO: Lo entiendo y te sigo.

AGUSTÍN: ¿Entiendes también que no hay diferencia entre decir «se llama virtud» y «se denomina virtud»?

ADEODATO: Es obvio que no la hay.

AGUSTÍN: Entonces también es obvio que no hay diferencia entre decir «se llama sí» y «se denomina sí» a lo que había dentro de Él.

ADEODATO: Veo que tampoco aquí hay diferencia.

AGUSTÍN: ¿Ves ahora lo que quiero mostrarte?

ADEODATO: No del todo.

AGUSTÍN: ¿No ves que el nombre sirve para denominar otras cosas?

ADEODATO: Esto sí lo tengo clarísimo.

AGUSTÍN: Ves entonces que «sí» es un nombre porque lo que había en Él se denomina "sí".

ADEODATO: No puedo negarlo.

AGUSTÍN: Pero, si te pregunto qué parte de la oración es "sí", estoy seguro de que no me dirías que es un nombre, sino una palabra, aunque nuestro razonamiento te ha enseñado que es también un nombre.

ADEODATO: Evidentemente es como dices.

AGUSTÍN: ¿Dudas todavía de que las otras partes de la oración son nombres según hemos demostrado?

ADEODATO: No lo dudo porque reconozco que los nombres designan algo. Si me preguntas cómo se llaman, es decir, cómo se denominan los propios conceptos que designan, solo te puedo responder que son esas mismas partes de la oración que no llamamos nombres, pero que, según entiendo, estamos obligados a llamarlos así.

Comparación con el griego

5.15. AGUSTÍN: ¿No te preocupa que alguien pueda echar por tierra nuestro razonamiento diciendo que no hay que atribuir a los apóstoles la autoridad de la palabra sino del concepto? Por eso, los pilares de esta argumentación no son tan sólidos como pensamos. ¿Podría ser que Pablo, a pesar de su recta vida y sus rectos mandatos, sin embargo, no hubiera estado tan acertado cuando dijo *Solo en Él hubo un sí*, especialmente cuando él mismo reconoce que no es un experto en oratoria? (2 Corintios 11,6). ¿Cómo crees que se puede refutar esto?

ADEODATO: No tengo ningún argumento en contra y te pido que encuentres algún autor que tenga pleno dominio de la palabra con cuya autoridad puedas conseguir lo que deseas.

AGUSTÍN: Te parece que la propia razón es menos idónea si le quitamos el argumento de autoridad para demostrar que todas las partes de la oración significan algo y que se llaman por ese algo; si se llaman, también se denominan; si se denominan, se denominan con un nombre, hecho que se demuestra con toda facilidad por la existencia de las diferentes lenguas. Todo el mundo puede ver que si preguntas cómo denominan los griegos lo que nosotros denominamos "quién", la respuesta será τίς [*tís*]; cómo denominan los griegos lo que nosotros denominamos "querer", la respuesta será θέλω [*thélo*]; cómo denominan los griegos lo que nosotros denominamos "bien", la respuesta será καλῶς [*kalôs*]; cómo denominan los griegos lo que nosotros denominamos "escrito", la respuesta será τὸ γεγραμμένον [*tò gegramménon*]; cómo denominan los griegos lo que nosotros denominamos "y", la respuesta será καί [*kaí*]; cómo denominan los griegos lo que nosotros denominamos "desde", la respuesta será ἀπό [*apó*]; cómo denominan los griegos lo que nosotros denominamos "¡ay!", la respuesta será οἴ [*oí*]; hacer este tipo de preguntas es hablar correctamente en lo relativo a todas estas partes de la oración que he enumerado, porque, si no fueran nombres, ¿cómo sería posible? Entonces, en vista de que según este razonamiento podemos mantener que el apóstol Pablo ha hablado correctamente, incluso prescindiendo de la autoridad de todos los oradores, ¿qué necesidad tenemos de buscar a nadie que sustente nuestra opinión? 5.16. Pero, por si acaso queda algún lerdo o descreído que no ceda y asegure que no cederá de ninguna de las maneras sino ante esos autores a los que todo el mundo atribuye por unanimidad las leyes de la gramática, ¿hay algún autor latino más excelente que Cicerón? En sus famosísimos discursos titulados *Verrinas* (2,2,42,104) llama "nombre" a la preposición *coram* (delante de), que en ese pasaje podría ser incluso un adverbio. Con todo, como puede ser que yo no haya entendido bien el pasaje y se pueda explicar de otra manera en otro contexto, con independencia de que lo haga yo mismo u otro, sí que hay un pasaje al que no se le puede replicar nada. Nos han transmitido los más famosos maestros de lógica que una afirmación completa consta de nombre y de verbo y que puede ser afirmativa o negativa. A este tipo el propio Tulio lo llama "enunciado" en un determinado pasaje (*Debates en Túsculo* 1,7,14): dicen que cuando el verbo está en tercera persona hay que concertar el caso nominativo con ella y tienen razón; si lo examinas conmigo, creo que podrás reconocer que hay dos enunciados, por ejemplo, cuando decimos «un hombre se sienta» o «el caballo corre».

AGUSTÍN: ¿Ves que en cada enunciado hay un nombre? "Hombre" en uno, "caballo" en otro. ¿Y ves que también un verbo? En uno "se sienta" y en otro "corre".

ADEODATO: Sí.

AGUSTÍN: Entonces, si dijera solamente "se sienta" o "corre", lo normal sería que me preguntaras por un sujeto y yo te respondería que "un hombre" o "un caballo" o "un animal" o cualquier otra cosa y así poder convertir el nombre en un enunciado gracias al verbo, es decir, formar una oración que puede ser afirmativa o negativa.

ADEODATO: Entiendo.

AGUSTÍN: Presta atención a lo que nos queda; imagina que estamos viendo algo desde muy lejos y no tenemos claro si es un animal o una piedra o cualquier otra cosa y que yo te digo:

«Como es un hombre, es un animal». ¿No sería una temeridad decirlo?

ADEODATO: Completamente temerario, pero no sería tan temerario decir: «Si es un hombre, es un animal».

AGUSTÍN: Tienes razón. Así pues, ese "si" de tu oración nos gusta a ambos y a ambos nos desagrada el "como" de la que yo he dicho.

ADEODATO: Estoy de acuerdo.

AGUSTÍN: Comprueba ahora si estas dos oraciones son enunciados completos: "Me gusta si", "me desagrada porque".

ADEODATO: Por supuesto que lo son.

AGUSTÍN: Muy bien, ahora dime cuáles son los verbos y cuáles los nombres.

ADEODATO: Veo que los verbos son "me gusta" y "me desagrada". ¿Cuáles serán los nombres sino "si" y "como"?

AGUSTÍN: Entonces ya está bastante claro que estas dos conjunciones también son nombres.

ADEODATO: Está clarísimo.

AGUSTÍN: ¿Puedes tú mismo demostrar esta misma idea conforme a esta regla en otras partes de la oración?

ADEODATO: Sí.

"Nombre" y "vocablo" se designan mutuamente

6.17. AGUSTÍN: Pasemos entonces a otro razonamiento y dime ahora si, del mismo modo que hemos descubierto que toda palabra es un nombre y que todo nombre es una palabra, te parece que también todo nombre es un vocablo y todo vocablo es un nombre.

ADEODATO: Aparte de las sílabas, no veo que haya una diferencia clara entre ellos.

AGUSTÍN: Yo tampoco veo oposición, aunque no falta gente que está en desacuerdo con esta interpretación, pero no es momento ahora de valorar su opinión. Con todo, te estás percatando de que hemos llegado a unos signos que se designan mutuamente, a pesar de que no se diferencian más que por la pronunciación, y que se designan a sí mismos junto con todas las otras partes de la oración.

ADEODATO: No lo entiendo.

AGUSTÍN: Entonces no entiendes que un nombre se designe con un vocablo y un vocablo con un nombre, de modo que no hay ninguna diferencia más que el sonido de las letras, al menos en cuanto al sentido general, porque decimos que hay un tipo particular de nombre que está entre las ocho partes de la oración pero que no contiene a las otras siete.

ADEODATO: Entiendo.

AGUSTÍN: Pues esto es lo que he dicho, que vocablo y nombre se designan mutuamente.

Algunos signos son iguales excepto por el sonido

6.18. ADEODATO: Lo tengo, pero te pregunto qué has querido decir con eso de que «se designan a sí mismos junto con todas las otras partes de la oración».

AGUSTÍN: ¿Es que el razonamiento anterior no nos ha enseñado que todas las partes de la oración se pueden llamar tanto
nombres como vocablos, es decir, que se las puede designar
tanto con un nombre como con un vocablo?

ADEODATO: Así es.

AGUSTÍN: Si te preguntara cómo llamas al propio nombre, es decir, a este sonido que expresamos con dos sílabas, ¿no sería
"nombre" la respuesta correcta?

ADEODATO: Sí, lo sería.

AGUSTÍN: ¿Se designa a sí mismo este signo de tres sílabas que
llamamos "conjunción"? Este nombre no puede ser incluido
entre los conceptos que designa.

ADEODATO: Lo tengo claro.

AGUSTÍN: Esto es a lo que me refería al decir que un nombre se
designa a sí mismo junto con las otras cosas que designa. Así
podrás entender por ti mismo que con vocablo pasa lo mismo.

ADEODATO: Así es fácil, pero ahora me viene a la cabeza aquello de que el nombre se puede entender en sentido general y
particular y que un vocablo no se cuenta entre las ocho par-

tes de la oración: por eso pienso que se diferencian también en esto, no solo por el sonido.

AGUSTÍN: ¿Piensas que nombre y ὄνομα [*ónoma*] se diferencian entre sí en algo más que en el sonido, que es lo que diferencia al latín del griego?

ADEODATO: En este caso no veo nada más.

AGUSTÍN: Entonces hemos llegado a estos signos que no solo se designan a sí mismos, sino que también se designan mutuamente uno a otro y lo que designa uno también lo designa el otro, y no se diferencian en nada más que en el sonido: acabamos de descubrir un cuarto tipo, los tres anteriores se refieren tanto al nombre como a la palabra.

ADEODATO: Parece que hemos llegado a destino.

COLECCIÓN *QUADRIGA*

Quadriga (del latín *quadri-* 'cuatro' y *iungere* 'unir') es un carro tirado por cuatro caballos, que se empleaba en la antigua Roma tanto en las carreras del circo como en las celebraciones triunfales, aunando velocidad y solemnidad, y que acabó siendo uno de los símbolos de la cultura romana.

La Colección *Quadriga* pretende aportar traducciones actualizadas, ágiles y originales de obras latinas: discursos, comedias, diálogos, cartas, poemas, capítulos... que ilustren un género concreto o un aspecto singular de la cultura romana. Como antesala de los textos traducidos, se añaden unas explicaciones y reflexiones sobre el género o el tema abordado, siempre basadas en las propias fuentes clásicas. Asimismo, la colección abarca, además de la época clásica romana, la producción escrita en latín desde la Edad Media y el Renacimiento hasta nuestros días.

NÚMEROS ANTERIORES DE LA COLECCIÓN

LA ORATORIA EN LA ANTIGUA ROMA, de Esteban Bérchez Castaño y Jorge Tárrega Garrido. Se presenta en este libro un recorrido por los oradores y discursos más emblemáticos de la historia de Roma y, asimismo, como botón de muestra se ofrece la traducción de dos de las obras más representativas de Marco Tulio Cicerón: el *Primer discurso contra Catilina*, del género político, que expone uno de los momentos más críticos de la época republicana; y *En defensa del poeta Aulo Licinio Arquias*, excelente ejemplo de discurso judicial en el que se hace una atractiva, entusiasta y original alabanza de las Humanidades.

LA COMEDIA EN LA ANTIGUA ROMA, de M.ª Luisa Aguilar García y Xavier Mata Oroval. En este libro se ofrece un breve estudio de los orígenes de la comedia en Roma, y un recorrido por sus autores y obras más importantes centrado especialmente en Plauto y Terencio, los dos únicos autores de los que conservamos obras completas. Esta introducción, con todo, no es sino un acompañamiento a la lectura de la parte principal del libro, que consta de la traducción de dos comedias romanas del género *palliata*: la *Mostelaria o La comedia del fantasmita* de Plauto, tal vez una de las obras más brillantes del autor, y *El que se atormentaba a sí mismo* de Terencio, una de las obras de la antigüedad en que se abordan más explícitamente (y con gran actualidad) el tema de la educación de los hijos.

LA EDUCACIÓN EN LA ANTIGUA ROMA, de Esteban Bérchez Castaño y Jorge Tárrega Garrido. En este libro se presenta una breve historia de la educación en Roma desde sus orígenes hasta el siglo IV dC, destacando aspectos de la enseñanza que tienen una gran vigencia en la actualidad, como los distintos niveles educativos, los viajes de estudio, el periodo de prácticas o los libros de texto. Se ofrece asimismo la traducción de parte de la obra del autor hispano Quintiliano, *La formación del orador*, un libro que impulsa un nuevo concepto de educación y una reflexión profunda de la labor docente y, además, sirve de catalizador entre la antigüedad romana y épocas posteriores.

PALABRA DE MUJER. MUJER Y LITERATURA EN LA ANTIGUA ROMA, de M.ª Luisa Aguilar García y Rosario Guarino Ortega. El objeto axial de esta monografía es la relación de la mujer con la literatura, ya sea como referente, como destinataria o como generadora de textos literarios. La apreciación y la admiración por la literatura clásica arrinconan a menudo el debate sobre la realidad que los textos clásicos representan, y lo cierto es que, del mismo modo que los hechos acontecidos en el pasado tienen una herencia o repercusión indiscutible en el presente, los textos transmiten un mensaje cuya vigencia y repercusión en la sociedad y los lectores actuales han de ser consideradas. Con las debidas precauciones y sin perder de vista lo arriesgado que resulta analizar textos que describen sociedades y realidades que nada tienen que ver con la nuestra, es indudable que muchas de las formas de control sobre la mujer que se constatan en estas y otras obras han contribuido a forjar patrones de relación que continúan vigentes a día de hoy, estereotipos, modelos y problemas sociales que implican una relación de desigualdad entre hombres y mujeres aún sin resolver. Por ello nuestro mensaje no mira al pasado con el tono acusatorio y el resentimiento de la injusticia, sino al presente y al futuro con intención reparadora. Asumimos, pues, mediante la difusión de estos textos, una labor de concienciación que, a nuestro juicio, dista aún de ser prescindible en nuestros días.